피터 럭크만의 주석서

에베소서

피터 럭크만 지음

편 집 부 옮김

말씀보존학회

The Bible Believer's Commentary Series

THE BOOK OF EPHESIANS

By

Peter S. Ruckman, Ph.D.

Bible Baptist Bookstore

Pensacola, Florida

1997 / Korean by Word of God Preservation Society

Seoul, Korea

피터 럭크만의 주석서

에베소서

서 문

이단들을 식별할 수 있는 최상의 방법 중 하나는 그들의 주장을 뒷받침하기 위해서 끌어다 대는 근거 구절들을 성경적으로 살펴보는 것이다. 학생들이 참된 기독교 교리들을 정립하기 위해 마태복음, 사도행전, 히브리서를 공부하고자 할 때 유명한 주석가들 중 한 명도 그 위험에 대해 알려 주지 않는다. 저자들은 그 책의 역사적인 배경에만 페이지를 할애하고, <킹제임스성경>을 공격하기 위해 수많은 종이들을 낭비할 뿐이다. 그러나 그들은 "그리스도인"이 성경을 어디에서, 어떻게 잘못 해석하면 현대 이단적 교리에 넘어질 수 있는지를 언급하지는 않는다.

이것은 매우 중요하다. 이것은 1881년 이후의 대부분의 주석가들과 성경 개정자들, 성경 교사들이 성경을 그들이 살고 있는 현 시대와 연결시키지 않고, 성경이 어떻게 그들 주위의 사회에 영향을 주는지를 알지 못함을 의미한다. 여기에는 단지 "자유주의자"나 "신정통주의" 목사들뿐 아니라, 전천년적인 "보수주의자"나 무천년적인 "복음주의자"들도 포함된다.

에베소서는 이러한 대표적인 예다. 알프레드 마틴, 트렌치, 립시우스, 렌돌, 더멜로우, 윌리엄스, 벌링거, 클라크, 레인지, 제미에슨, 포셋, 브라운 등이 쓴 에베소서 주석의 서문에서는 그리스도의 몸에 200년 이상이나 부정적인 영향을 미친 두 가지 교리에 대해 전혀 찾아 볼 수 없다. 이 두 교리들이 모두 에베소서로부터 나왔지만 헬라어 학자들은 그것들을 이론화할 수도 없다. 진리를 찾고자 하는 어떤 사람도 당대의 "뛰어난 학자들"로부터 에베소서와 이 두 교리들 사이의 연관성에 대한 어떤 정보도 찾을 수 없다. 이 두 교리들은 에베소서 1장과 3장에서 나온 극단적 칼빈주의와 극단적 세대주의이다.

이 이단들은 자신들의 교리를 발전시켜 칼빈과 벌링거와 같은 그리스도인들을 양산하며, 또 그들이 바울과 같다고 생각하게 만들었다. 사람들은 "바울 콤플렉스"에 강박관념이 있다. 존 칼빈의 가르침으로 영국과 스코틀랜드에 정통 기독교가 확산되었기에 칼빈이 "바울 같은" 그리스도인이라고 생각하는 것이다. 벌링거도 무엇보다 바울서신, 특히 옥중서신을 강조하기 때문에 사람들은 그를 "바울 같은" 그리스도인이라고 생각한다. 그러나 "그들의 열매로" 그들을 알 수 있다. 조나단 에드워즈(1703-1758)의 설교는 좋은 판단 기준이 될 수 없으며, 테넌트와 휫필드(1714-1770)도 마찬가진데, 이들은 모두 온건한 칼빈주의를 가르치기 때문이다. 뉴잉글랜드의 퓨리탄들은 빌리 선데이나 데이비드 리빙스턴을 배출하지 못하며, 온건한 세대주의자들에 의해 쓰인 <스코필드주석성경>(뉴스코필드가 아니라)과 같은 것을 만들 수 없다. 극단적 칼빈주의나 극단적 세대주의는 아무것에도 기여하지 못하고 다만 잘난 체하며 "우리는 진리를 찾았는데, 당신들은 아직 오류 속에 빠져 있습니다."라고 말할 뿐이다.

성경대로 믿는 사람들은 극단주의자들이 이 "진리"를 발견하기 위해서 <킹제임스성경>을 5000군데가 넘게 바꾼 사실을 주목해야 할 것이다. 댑니, 스트롱, 카이퍼, 핫지, 칼빈, 질, 벌콥, 스탬, 오헤어, 벌링거, 베이커 등은 "종교개혁 성경"인 <킹제임스성경>안에 있는 "진리"를 찾을 수 없었기 때문이다. 미국과 유럽의 모든 자유주의 설교자들처럼 그들은 "진리"를 찾기 위해 하나님의 말씀을 변개시킨다. 그들의 속도는 다양할지라도 그들 모두는 경기장으로 들어서기 전에 똑같은 공장에서 만든 신발을 신었다. 그들 모두는 에베소서에서 시작한다. [에베소서 주석 1:4,5,11; 3:1-6의 주석을 참조하라.]

에베소는 원래 항구였다. 그러나 결국 카이스터(Cayster) 강과 대양이 연결된 수로를 막음으로 3류 항구로 전락하고 말았다. 에베소는 바울 당시에 국제적인 도시였으며, 소아시아에서 가장 큰 극장으로 유명했다. 이 극장은 무려 5만 명의 사람들을 수용할 수 있을 정도였다. 게다가 에베소 사람들은 쾌락을 사랑하였다(딤후 3:4). 또한 에베소는 다이아나 여신 숭배의 중심지로 대리석으로 만들어진 "다이아나 신전"이 있었다. 그 신전은 길이가 425피트, 너비가 220피트였으며, 60피트 높이의 기둥이 127개나 있어 그 신전을 떠받쳤다.

에베소서를 쓰기 전에 그곳에서의 바울의 사역은 사도행전 18,19,20장에 기록되어 있다. 유세비우스는 사도 요한이 밧모 섬에 추방당하기 전에 에베소에 머물렀다고 말한다. 요한이 "에베소 교회"에게 편지를 쓸 때 그는 비록 "첫사랑"을 저버렸지만(계 2:4) 하나님 말씀에 수고하는 신실한 교회를 향해 말한 것이다.

바울이 이 서신을 기록할 때는 감옥에 갇혀 있었는데(엡 3:1; 4:1), 대부분의 역사가들은 그때가 사도행전 28장의 투옥 때라는 것에 동의를 한다. 이 서신은 거의 모든 내용에서 골로새서와 유사함을 발견할 수 있다. [엡 1:7과 골 1:14, 엡 1:10과 골 1:20, 엡 3:2과 골 1:25, 엡 5:19과 골 3:16, 엡 4:32과 골 3:13 등이 대표적인 경우이다.]

드웻, 바우어, 데이비슨 등은 본 서신의 저자에 대해 의문을 표시하지만 더멜로우처럼 그들이 유능한 학자라는 이유로 그런 불신자에게 대답하느라 시간이나 종이를 낭비할 필요는 없다(더멜로우 주석, p.958). 독자들은 성경분야에서 "유능한 학자들"의 의견이 거의 매번 어떤 의미도 없음을 알고 있고, 특히 하나님의 말씀을 고치는 문제에 대해서는 절대적으로 아무런 의미도 없다는 것을 알 수 있다.

우리는 바울이 기록하지 않은 대부분의 서신도 바울이 구술했기 때문에(갈 6:11 주석 참조, <피터 럭크만의 주석서 갈라디아서>, 말씀보존학회) 그가 기록했다는 것을 알고 있으며, 이 서신서 역시 바울 자신이 읊어 주고 있음을 보여 주고 있다(엡 1:1; 3:1). 우리는 드웻, 바우어, 데이비슨 등이 가진 학위가 어떤 것인지는 모르지만, 성경적인 학위가 아니라는 사실은 분명히 알고 있다. 그런데도 많은 언어학자들과 어원학자들은 이전에 배운 교육들이 영적인 통찰력을 준다고 착각하고 있다(엡 1:3,4 주석 참조).

성경대로 믿는 사람이 자신이 집어든 에베소서의 모든 서문들에서 "회람용 편지"에 대한 내용을 찾는 것은 무의미한 일이며 자신의 어리석음을 드러내는 일이다. 그는 또한 케네스 웨스트가 "에베소에 있는"(엡 1:1, at Ephesus)이란 말에 대한 오리겐, 웨스트코트, 홀트의 의견에 동조하여 커트 알란드, 네슬과 같이 그 단어들을 괄호 속에 집어넣어 버리는 것을 보고 놀랄 것이다. 이 경우에 <현대인을 위한 기쁜 소식>(1966)은 적어도 "...who lives in Ephesus"라고 함으로 케네스 웨스트(무디 성경 신학원, 명예교수)보다 정통에 더 가까이 갔다. 그러나 <필립스 역본>(1958)은 에베소서는 "에베소에 있는" 성도들에게 쓰여진 것이 아니라, "이 편지가 읽혀지는 다른 곳에 있는" 사람들에게 쓰여졌다고 말한다.

이런 엉터리 같은 일들이 어디서부터 시작된 것인가? 그것은 바로 알렉산드리아 계열의 변개된 필사본인 바티칸 사본과 시내 사본이며, 이 사본들은 유세비우스, 어거스틴, 그레고리, 로버트슨 등에 의해 우상화되었다. 이 두 필사본들은 이단 말시온(A.D. 160)과 죽은 정통주의 배교자 오리겐(A.D. 184-254)을 따라 이 단어들을 삭제했다. 왜 이 단어들이 삭제되었는가?

이것을 이해하기 위해 먼저 잠언 18:1,2에 생생하게 묘사된 마음에 대해 이해해야 한다. 이런 형태의 마음은 요한복음 21:25과 같은 본문에 매력을 느낀다. 이런 동일한 마음을 지닌 사람은 "사해 두루마리"가 대단한 발견이라고 생각한다. 이것은 구약에 외경을 더하는 사람의 마음이나, 유다가 언급했기 때문에 어딘가에 "에녹의 책"이 있을 것이라고 속이는(유다는 그런 말을 하지 않았다.) 사람의 마음과 동일하다.

이 독특한 형태의 마음은 항상 "야셀의 책"이나 "주의 전쟁의 책" 등을 찾기 위해 분주하다. 이 마음은 한 가지 독특한 성격으로 쉽게 식별된다.

이 마음은 현재의 계시된 진리를 거부하고, 자신의 거부를 정당화하기 위해 더 권위 있는 것을 계속 찾고자 한다.

이 같은 마음을 지닌 대표적인 학자들은 바로 로버트슨, 케네스 웨스트, 디엠, 알포드, 타일러, 밀리건, 사우터, 디스만, 교황들, 어거스틴, 립시우스, 트렌치, 스펠만, 람세이, 가스탕, 델리치, 케일, 제미에슨, 포셋, 브라운, 알브라잇, 웨스트코트, 홀트, 필립스, 모펫, 웨이마우스, 굿스피드, 칼빈, 더멜로우, 브루스, 클라크, 레인지, 커스터, 벌콥, 메이첸, 닐, 워필드, 그리스바흐, 그레고리, 라흐만, 티센돌프, 네슬 등이 있다.

"에베소에 있는"을 바티칸 사본과 시내 사본, 파피루스 46에서 삭제한 것을 이해하기 위해서 여러분은 지혜를 찾아 혼잡케 된 부패된 마음을 이해해야만 한다(잠 18:1,2).

"에베소에 있는"이 성경에서 삭제된 이유는 골로새서 4:16에 "라오디케아에서 온 편지"라는 표현이 나오기 때문이다.

오리겐은 만일 성경에서 언급된 책이라면 그 책은 유용할 것이라고 생각한다. 오리겐 같은 사람이 "라오디케아에서 온 편지"와 같이 중요한 문서를 모르리라고는 상상할 수도 없다. 카이사랴에 있는 그의 제자들이 "라오디케아에서 온 편지"에 대해 그에게 물어보았을 때 그가 어떻게 대답했겠는가? 진정한 학자(?)가 "나는 모른다"고 대답하는 것을 들어본 적이 있는가?

서둘러라! 빨리 "라오디케아에서 온 편지"를 찾으라! "에녹의 책"도 찾으라! 만일 찾지 못하겠거든 만들어 내라! [창세기 주석서 1장에서 "인류학"에 대한 주석을 참조하라.]

이전에도 말했다시피 에베소서와 골로새서는 놀랄 만큼 유사하기 때문에 "에베소서"를 "라오디케아에서 온 편지"라고 선언하는 것은 아주 자연스러운 일일 것이다.

그러나 만일 "영감받은 원본"에 "에베소에 있는 성도들"이라고 말했다면 어떻게 이런 일을 할 수 있는가? 아주 쉽다. "에베소에 있는"이란 말을 지워 버리고 라오디케아로 보낸 편지라고 하든가, 아니면 적어도 어느 곳에나 읽을 수 있다는 "회람용 편지"로 만드는 것이다. 이것은 하나님께서 간과하심으로 성경에서 빼놓으신 "편지"를 오리겐이 고쳐서 집어넣은 것이다.

이러한 바보짓은 살몬드의 서문(<헬라어 주석 신약>), <강단의 주석>의 자세한 주석(20권, 서문, p.4,5)에 잘 나타나 있다. 살몬드 목사는 뻔뻔스럽게도 이단 말시온(A.D. 160)의 증언과 두 개의 변개된 알렉산드리아 사본에서 "에베소에 있는"이 삭제되어 있는 것을 강조하여 말하고 있다. 그런데 왜 크리소스톰(이단이 아닌)의 증거는 무시하며, 알렉산드리아 계열, 시리아 계열, 카이사랴 계열, 서방 계열 필사본들은 강조하지 않는가?

웨이스, 아봇, 엘리콧, 라잇풋, 벵겔, 홀트, 할레스, 올샤우젠 등은 바티칸 사본과 시내 사본에 나타난 변개된 본문을 받아들이는 것이 확실하다. 이 논쟁에 대해서 딘 버간(1813-1888)은 그의 철저한 연구(<마가복음의 마지막 12구절>, 1959, pp.169,187)를 통해 잘 보여 주고 있다. 이 연구는 심지어 살몬드가 단지 터툴리안, 오리겐, 바실의 작품만 인용하여 이론화시킨(<헬라어 주석 신약>, pp.229,230) 어리석음도 폭로한다. 성령께서 "진리를 찾고자 하는 자들(?)"(잠 17:24)을 반대하여 드러내 치명적인 증거들 중에는 에베소서의 표제가 있다. 그들이 증거로 드는 바티칸 사본과 시내 사본에는 "에베소인들에게"(!)라는 표제가 있다. 오리겐은 표제를 지우는 것을 깜빡했던 것이다.

알다시피 하나님께서 가려 놓은 것은 그분이 계시하신 것만큼이나 영감으로 된 것이다. 예수 그리스도의 아동기와 청년기는 성령님께 예수 그리스도의 십자가와 부활만큼이나 관심 있는 부분이었다. 그러나 동일한 성령님께서 우리에게 어떤 일들을 계시하지 않으신 것이 적절하지 않게 생각되더라도 우리는 그분을 신뢰해야 한다. 그러나 이러한 "생략"은 그리스도를 거부하고, 성경을 증오하며, 권위를 부인하는 이기주의자들에게는 가장 구미가 당기는 일이다. 그들은 그것들에 완전히 사로잡히게 된다. 아니, 그들은 그것들이 계시된 모든 진리들보다 더 중요하다고 여기며, 만일 그가 그것들을 찾아낸다면(잠 17:24) 그는 "감추어진 지혜"를 발견하지 못한 다른 동료 바보들보다 자신이 우월하다고 생각하게 된다. 영지주의자들은 발렌티누스(A.D. 160)와 필로(B.C. 20-A.D. 50)와 함께 완전히 사라진 것이 아니다.

"라오디케아에서 온 편지"는 성경에 있는지 없는지 모르겠다. "야셀의 책"도 성경에 있는지 없는지 모르지만, 있다고 해도 아무도 그것을 증명할 수 없으며, 그것이 없어도 아무런 상관이 없다. 이것은 학자들에 의하면 현명한 접근방식이 아니며, 오히려 "닫힌 마음"이라 불린다. 반면에 학자들이 주장하는 소위. "열린 마음"은 - 모든 사람들이 <킹제임스성경>을 거부하고 "회람 이론"에 대해 동의한다는 사실로도 분명한데 - 심지어 계시된 진리를 거부하면서까지 진리를 찾고자 한다.

예를 들어 "최초의 원본을 회복하기 위한" 시도들은 <킹제임스성경>의 능력에 대해 매우 분개하는 자들에 의해 진행되었다.

"최초의 원본의 진리를 찾기 위한" 자들은 이미 계시된 진리들과 보존된 본문을 거부하였다. 그들은 여러분의 시간과 내 시간과 하나님의 시간을 낭비하고 있기에, 그들에게 관심을 갖는 것은 지극히 어리석은 일이다.

에베소서의 핵심단어는 "영적인 복들"과 "천상"이다. "풍성함"이나 "충만", "넘치며", "영광의 풍성함", "지극히 풍요함" 같은 단어들은 바울이 편지를 쓸 때 아주 좋은 상태였음을 말해준다. 바울은 사자가 삼키는 지하 감옥에 있지만 "사자가 있는 동산의 즐거운 과수원에서"라고 편지를 쓰는 순교자와 같은 마음을 가지고 있었다.

에베소서가 영적인 실재들과 "천상"을 다루기 때문에 "하늘에만 마음을 두어 이 땅에는 어떤 좋은 것도 할 수 없다."고 생각하는 그리스도인이 빠져들기에 가장 쉬운 함정이 되기도 한다. 극단적 세대주의자는 에베소서 3장을 붙잡고 이미 19세기 전에 계시된 진리를 강조하느라 남은 일생을 보내며, 극단적 칼빈주의자는 에베소서 1장을 붙잡고 창세기 1장 이전에 하나님께서 생각했던 것처럼 생각하고, 하나님 역할을 해보려고 남은 일생을 보낸다.

그러나 적들과 싸워 본 경험이 있는 사람들이라면(엡 6:10-18), 극단적 세대주의자나 극단적 칼빈주의자를 제외한 사람들은 에베소서 5,6장을 강조한다는 사실을 안다. 에베소서 5,6장은 실제적인 부분이다.

학자들은 에베소서가 A.D. 55-58년(맥기퍼트), 60년이나 61년(메이어), 62년(잔), 61-63년(라잇풋), 75-80년(에월드), 80년(숄튼), 100년(홀츠만), 130-140년(바우어, 데이비슨)에 기록되었다고 주장한다. 그러나 에베소서의 기록 연대가 언제인지 알기 위해 많은 시간을 낭비할 필요는 없다. 그러나 다시 한 번 <킹제임스성경>의 본문이 스스로 비평가들의 추측보다 훨씬 무게있는 내적인 증거들을 보여 주고 있기 때문이다. 에베소서를 기록할 때 바울은 감옥에 있었기 때문에 사도행전 20장 이후에 기록하고 있는 것이며, 로마서 16:25과 연결해 볼 때 누구도 카이사라에서 썼다고 상상할 수 없고, 따라서 그는 로마 감옥에서 에베소서를 기록한 것이 분명하다.

벌링거는 에베소서에서 물 만난 물고기와도 같다.

그러나 에베소서가 그가 주장하는 세대주의 이론과 다르자, 그는 "선지자"(엡 4:11, prophets)를 "예언적인 글"(prophetic Writings)로 바꿔 버린다(<컴패니언 성경>, pp.1759,1764). 벌링거와 스탬이 "이스라엘은 예언의 대상이고, 교회는 계시의 대상"이라고 공언하였기 때문에 그들의 신학을 보호하기 위해서도 이 같은 변개는 필수적인 일이었다. 또한 "하늘이나 땅에 있는 모든 가족"(엡 3:15)이 "몸의 신비"에 대한 이론들을 망쳐 버리기 때문에, 벌링거는 <킹제임스성경>을 변개시키기 위해 반 페이지나 할애하여 자신의 사사로운 해석을 보강하였다.

로마서 16:25,26은 바울이 사도행전 기간 동안에 이미 "몸의 신비"를 알았다는 것을 입증하기 때문에, 벌링거는 서둘러 로마서 16:25,26은 바울이 에베소서를 쓴 다음에 로마서에 덧붙인 것이라고 말한다.

증거가 있는가? 벌링거는 "최초의 원본은 이것을 증명하는데..."라고 말할 뿐이다(<컴패니언 바이블>, p.1694). [알다시피 그들은 매번 이런 식이다. 자세한 내용은 <필사본의 증거, Manuscript Evidence>를 참조하라.]

"최초의 원본"을 언급하는 모든 저자들은 그가 그 말을 할 때 거짓말을 하고 있다는 것을 너무나 잘 알고 있다. 그러나 그들은 계속해서 그런 식으로 말을 하고, 그것은 시간이 흘러도 마찬가지다. 미국과 유럽의 모든 근본주의 신학교는 그들이 누군가를 바보로 만들고 있다고 생각하면서도 이런 일들을 자행하는 것이다.

벌링거는 에베소서 3:3이 로마서 16:25,26에 덧붙여진 추신에 대한 언급이라고 주장하지만, 이 말은 전혀 믿을 수 없다. 왜냐하면 에베소서가 기록되기 3년 전에 이미 유럽에서 로마서를 회람하고 있었기 때문이다.

이렇게 분명한 혼란을 제거하기 위해, 벌링거는 다시 말을 바꾸어 바울이 에베소서를 쓰기 전에 - 사도행전 28장 이전에 - "몸의 신비"에 대해 알고 있었지만, 그것에 대해 기록할 수는 없었다고 말한다(<컴패니언 바이블>, p.1694). 그러나 그의 말은 오히려 혼란을 가중시킬 뿐인데, 이는 "한 몸"과 "한 침례"가 사도행전 19장 경에 기록된 고린도전서(고전 12:1-13)에 나오기 때문이다. 더욱이 벌링거는 후에 "몸의 신비"인 "한 몸"은 사도행전 28장까지 시작되지 않았다고 말했다. 전에도 말했지만 스탬은 사도행전 9장에서 몸이 시작되었다고 말하지만, 사도행전 18장에도 등장하고 있는 물침례를 거부한다. 베이커도 몸이 사도행전 13장에서 시작되었다고 말하면서도 사도행전 18장까지 계속된 물침례를 거부한다. 오헤어는 몸이 사도행전 18장에서 시작되었다고 말하면서 물침례를 제거시켰다. 벌링거는 몸이 20장에서 계시되었지만 27장까지 기록되지 않다가 28장에서 시작되었다고 주장한다. 그러나 몸에 대해서는 사도행전 28장 이전에 이미 고린도전서와 로마서에서 기록되었다.

그들은 프랭크 노리스, 트루엣, 빌리 그래함, 스펄전, 릴레이(W.B. Riley), 할데만, 비크, 롤링스, 헤니거, 아트 윌슨, 롤로프, 마틴, 크리스웰, 디한, 찰리 풀러, 캐롤, 잭 하일스, 리 로버슨, 크림(B.B. Crimm), 라킨, 짐 머서, 프레드 브라운, 존 알 라이스, 제시 헨들레이, 다니엘, 에플만, 모르드캐 함 등에 대해 적개심을 품고 있다. 왜 그들은 회심한 다음에 물침례를 받는 것에 대해 당황해 하는가? 바울은 그렇지 않았다.

에베소서는 6장, 155절, 3,039단어들(영어 <킹제임스성경>의 경우)로 이루어져 있다.

<킹제임스성경>은 그 자체로 완벽하고 분명하기 때문에 그 어떤 종류의 변개도 필요로 하지 않는다. 1881년 이후 죽은 정통주의 배교자들은 700개가 넘는 변개를 시도했고 매 구절마다 평균 다섯 가지 정도를 뜯어고쳤다. 이 모든 것들은 신중히 고려할 가치도 없는 것이 대부분이며, 학자들의 경쟁심의 산물일 따름이다. 우리는 <킹제임스성경>을 비평하는 자들의 오류들을 지적할 수 있으며, 그 양상들을 유형별로 제시할 것이다.

"유명하고 공신력 있는" 학자들이 <킹제임스성경>을 바로잡을 만큼 충분히 유능하다고 생각하는 곳에서 우리는 오히려 그 학자들을 바로잡을 수 있을 만큼 우리가 유능하다는 것을 자연스럽게 입증하게 된다.

일러두기

학자들이 <킹제임스성경>을 변개시키는 여러 가지 방법들을 대충 정리해보면 17가지 현상들로 구분될 수 있기에, 우리는 주석서를 공부하면서 이와 같은 수법들이 나올 때마다 자세히 설명하지 않고 간단히 그 유형별로 구분만 할 것이다. 독자 여러분들은 여기에서 설명한 현상들을 기억하여 주석서의 중간 중간에서 발견되는 유형들을 이해하기 바란다. 이 리스트는 피터 럭크만의 주석서 시리즈 중 <빌립보서>, <골로새서>, <갈라디아서>, <에베소서>에 동일하게 적용될 수 있다. 하나님의 살아 있는 말씀인 <킹제임스성경>의 비평가들은 단지 "파괴적" 비평가일 뿐이다. 이제 그들의 수법들을 살펴보자.

1번 현상 : 본문을 헬라어가 뒷받침하고 있더라도 무조건 <킹제임스성경>의 영어를 바꿔 버린다.

2번 현상 : 권위 있고 가장 오래된 사본이라 할지라도 그것이 <킹제

임스성경>과 일치하면 무조건 던져 버리고 편리한 대로 아무 필사본이나 사용한다.

3번 현상 : "가장 오래된 필사본"의 잘못된 번역을 제시하면서도, <킹제임스성경>을 비평하기 위해서는 동일한 일에 대해 비난을 한다.

4번 현상 : <킹제임스성경>이 일관되지 못하다고 비난한 뒤, 자신들도 동일한 헬라어 단어를 여러 다른 말로 번역한다.

5번 현상 : 모든 필사본들이 <킹제임스성경>을 지지하는 곳에서는 주석가나 번역자들이 어떤 헬라어 필사본에도 발견할 수 없는 새로운 헬라어를 하나 만들어 낸다.

6번 현상 : <킹제임스성경>이 시제나 관사를 완전히 번역하지 않았다고 비난한 뒤, 자신들도 완전히 번역하길 거부한다.

7번 현상 : "일관된 번역"이 그리스도의 신성을 지지하는 곳에서, 그 단어를 삭제하고 그리스도의 신성을 모호하게 만드는 다른 용어로 대체한다.

8번 현상 : 1881년 이후부터 많은 학자들이 <킹제임스성경>에 오류가 있다고 그 성경을 버렸기 때문에, 본문을 잘 설명하는 적절한 관련 구절들을 찾지 못한다.

9번 현상 : <킹제임스성경>의 비평가들 대다수는 도대체 왜 그 단어가 거기 들어있는지에 대한 통찰력이 전혀 없으며, 이는 구약과 신약에서 일어난 단순한 변화들도 이해하지 못하는 그들의 실력에서도 확실히 드러난다.

10번 현상 : 성령께서는 히브리어나 헬라어에서 모호한 것들을 오히려 <킹제임스성경>에서 확실히 알 수 있도록 조명을 주신다.

11번 현상 : 어떤 경우는 모든 "오래된 필사본들"이 변개되었기 때문에, 그것들을 전적으로 무시해야 한다.

12번 현상 : 심지어 가장 오래된 파피루스 필사본들도 그것들이 <킹제임스성경>과 일치할 때는 <킹제임스성경>의 비평가들에 의해 거부당한다.

13번 현상 : 보수주의자들은 궁지에 몰릴 때는 심지어 그들의 정통주의에 대한 고백마저도 포기해 버린다.

14번 현상 : 아무도 본 적이 없는 "최초의 원본" 때문에 잘 알려진 <킹제임스성경>을 거부하는 자들은 성경 예언을 다루는 구절의 진리를 상세히 설명해야 하는 자리에서 아무 말도 못하고 머뭇거리게 된다.

15번 현상 : 매우 자주 <킹제임스성경>의 비평가들은 그들의 학생들이 헬라어 단어를 렉시콘에서 찾아보고 확신을 가지지 못하도록 헬라어 단어의 의미를 거짓되게 가르친다.

16번 현상 : "최초의 원본"에 무엇이라고 적혀 있는지 아는 것처럼 주장한다.

17번 현상 : 가끔씩 <킹제임스성경>의 비평가들은 그들의 번역이나 개정의 방법들에 대해 고의로 거짓말을 하지만, 이 거짓말은 그들이 그들의 작품을 다시 만들 때마다 입증된다.

차 례

이 책에 인용된 성경 구절은 〈한글킹제임스성경〉입니다.

에베소서 1장

1:1 하나님의 뜻에 따라 예수 그리스도의 사도가 된 바울은, 에베소
에 있는 성도들과 그리스도 예수 안에 있는 신실한 자들에게 *편
지하노니,*
2 하나님 우리 아버지와 주 예수 그리스도로부터 은혜와 평강이 너
희에게 있을지어다.
3 그리스도 안에서 천상에 있는 모든 영적인 복으로 우리에게 복
주신 하나님, 곧 우리 주 예수 그리스도의 아버지께서는 복되시
도다.
4 하나님께서 세상의 기초를 놓으시기 이전에 우리로 사랑 안에
서 그분 앞에 거룩하고, 흠 없게 하시려고 그리스도 안에서 우
리를 택하시어
5 하나님의 기쁘신 뜻에 따라 예수 그리스도를 통하여 우리를 자
신의 자녀로 입양할 것을 예정하셨으니

6 **이는 하나님께서 그 사랑하시는 이 안에서 우리를 받아들이신 그의 은혜의 영광을 찬양케 하려 하심이니라.**

『예수 그리스도**의 사도가 된 바울은**』(1절)을 케네스 웨스트는 1961년에 발간한 자신의 신약에서 "예수 그리스도의 대사가 된 바울은"으로 바꾸었다. 물론 이 해석은 잘못된 것이다. 그는 동일한 단어를 고린도후서 12:12에서는 사도로 번역했다(4번 현상). NEB는 <필립스 역본>, RV, RSV, ASV, <현대인을 위한 기쁜 소식>과 함께 "그리스도 예수"를 오리겐의 바티칸 사본과 변개된 서방 원문인 "D" 사본을 따라 "예수 그리스도"로 순서를 바꾸어 버렸다.

『하나님**의 뜻에 따라**』(1절)는 야고보서 4:15과 같이 하나님의 허락하시는 뜻이 아니라 하나님의 직접적인 뜻을 가리킨다(행 9:15).

『**에베소에 있는 성도들과**』(1절). "에베소에 있는"(헬라어, "*엔 에페소*")이란 말은 말시온과 오리겐에 의해 삭제되었고, 그것이 바티칸 사본과 시내 사본에 삭제된 채로 전해져 내려왔다.

『그리스도 예수 **안에 있는 신실한 자들에게** *편지하노니*』(1절). <필립스 역본>은 이번에는 『그리스도 예수 안에 있는』을 삭제하였지만, 다른 대부분의 역본들(RV, RSV, ASV, <현대인을 위한 기쁜 소식>, NEB, 케네스 웨스트)은 <킹제임스성경>과 동일하게 되어 있다.

같은 구절에서 성도들을 "신실"하다고 말하며, 문장의 구조가 마태복음

21:5처럼 히브리식 병행 구문으로 되어 있다.

『하나님 **우리** 아버지**와** 주 예수 그리스도**로부터 은혜와 평강이**』(2절). "은혜"는 에베소서에서 12번 나오며, 여기서는 날마다 베푸시는 은혜(히 4:16)를 언급한다. 그것은 성도들이 떨어질지도 모르는 "은혜의 상태"(<조합성경 신약>, 1941, p.525 각주)에 있기 때문이 아니라, 성도의 시련(고후 12:4-10)과 관련되는 날마다 주시는 은혜이다. 하나님 아버지는 은혜를 주시고(고전 1:4; 3:10), 평강은 그리스도의 것이다(요 14:1-4). "은혜와 평강"을 가진 자들은 하나님을 우리 아버지로(고전 8:6), 예수 그리스도를 우리의 주님으로(엡 4:5) 모신 자들이다.

『그리스도 **안에서 천상에 있는 모든 영적인 복으로 우리에게 복 주신** 하나님... 아버지**께서는 복되시도다**』(3절). 이 복들 중 일곱 가지가 설명되고 있으며(1:4,5,6,7,9,13,14), "천상"이란 표현은 본 서신서에 5번이나 언급되어 있다(엡 2:6; 3:10; 1:3,20; 6:12). 제미에슨, 포셋, 브라운은 본문에 대해 뛰어난 주석을 달아 놓았지만(주석서, p.1279), 1881년의 개정위원회의 이론들에 대해 심각하게 논의하느라 종이를 낭비했다는 것은 비참한 일이다. 그러나 이 구절(엡 1:3)에 대한 그들의 주석은 영어 본문을 잘 설명해 놓았다.

본문의 의미는 분명하다. 우리는 지금 "위에" 앉아 있다(엡 2:6). 또한 우리는 "그리스도 안에" 있기에 현재 보좌 앞에 있으며(요일 4:17), 예수 그리스도께서 동시에 두 장소에 계실 수 있었듯이(요 3:13) 우리도 지금 동시에 두 곳에 위치하고 있는 것이다(고전 6:17, 엡 2:6; 5:30).

"천상"(heavenly places)은 실제적인 장소이지, 새로운 역본들이 말하는 것처럼 "하늘과 같은 곳"(heavenlies)이 아니다. 20세기의 과학(딤전 6:20)으로부터 실제적인 과학(<킹제임스성경>의 언급)을 분리한다면, 후천년주의적이고 무천년주의적인 "그리스도인들"은 하나님의 계획에서 성도가 실제적인 위치로 문자적이고 실제적인 하늘에 있는 것이 아니라고 속인 뒤, "heavenly realm"(하늘의 영역, NEB, <확대역본>)이나 "heavenly world"(하늘의 세상, <현대인을 위한 기쁜 소식>)라고 말한다. 알프래드 마틴 박사는 요한복음 3:13의 일부를 삭제하는 변개자들을 위해 우리는 하늘에 있지 않고, "천상"이란 단어는 우리를 잘못 인도했으며 단지 그리스도 안에서 우리의 "관계"를 언급할 뿐이라고 말한다. [한글개역판은 "천상"이 쓰인 다섯 곳 모두에서 단지 "하늘"이라고 말함으로 실제적인 장소의 개념을 약화시켰다.]

우리가 지상에만 있다고 말하는 이 "그리스도인들"은 특이한 종류의 사람을 만들기 마련이다. 구원받은 그리스도인들은 머리가 하늘에 있는 몸에 결합되었다. 우리는 이 하늘의 위치를 몸의 일부로서 공유하는 것이다. 우리는 우주를 채우시는 영과 한 영이며, 우리의 육체적인 몸과 관련해서만 "주로부터 멀리 떨어져 있다"(고후 5:1-10). 에베소서 1:3의 말은 명백히 "영적인 복"이다. 에베소서에서 복과 관련해서 언급된 것들은 모두 육체적인 것과는 전혀 상관이 없다. 우리의 육체적인 복은 미래이지만(고전 15:49-55), 우리는 성령 안에서 이미 "영광의 본향"에 가 있다. <킹제임스성경>의 번역자들이 "places"를 집어넣은 것은 마틴 박사(무디 성경 신학원의 구약개론 교수)가 거부한 신약의 진리를 붙잡았음을 보여 준다.

케네스 웨스트는 어떻게든 셋째 하늘에 이르지 못하도록 이 구절을 "이 세상으로부터"(out of this world)라고 번역하였다. 그의 성경에 대해 자세히 살펴보면 금방 그 실체를 확인할 수 있다.

1. 웨스트의 신약 292,293페이지에서는 모든 구절이 다 있는 것처럼 숫자들이 연속적인 순서로 주어졌다. 그러나 웨스트는 로마카톨릭의 <새 예루살렘 성경>처럼 독자들이 알지 못하도록 한 구절 전체를 삭제해버린다. 사도행전 8:37은 이 두 역본에 모두 삭제되어 있으나, 절 표시를 하는 숫자는 그대로 있기 때문에 독자들은 자신이 삭제되지 않은 온전한 신약을 가지고 있는 것처럼 생각하게 된다(16번 현상).

2. 마태복음 16:18에서 웨스트는 어떤 헬라어 본문과도 거리가 멀어 어떤 실력있는 헬라어 학자도 알아 볼 수 없는 사사로운 해석을 만들어 냈다. 그의 번역과 그래도 가장 유사한 것은 RSV(1946)이다(15번 현상).

3. 웨스트는 NEB, <현대인을 위한 기쁜 소식>, <필립스 역본>, RV, ASV, RSV, 로마카톨릭의 <조합성경>과 마찬가지로 디모데전서 3:16에서 "하나님"을 삭제하여 그리스도의 신성을 공격하였다. 무디 성경 신학원에서 로마카톨릭과 동일선상에 있는 아리안 성경을 승인할 줄 누가 생각이나 했겠는가?(7번 현상)

『**하나님께서 세상의 기초를 놓으시기 이전에... 그리스도 안에서 우리를 택하시어**』(4절). 여기서 존 칼빈과 벌콥은 서로 갈라서며, 아더 핑크와 쉘톤도 서로 등을 돌린다.

우리는 본문을 설명하기 위해 많은 시간을 낭비할 필요가 없다. 그것은 제미에슨, 포셋, 브라운의 설명으로 충분하다(주석서, p.1280). 억지로

"미리 아심"이 "미리 정하심"을 의미한다고 만드는 것은(케네스 웨스트, pp.366,549, "5번 현상", "15번 현상") 누군가가 그리스도께서 나타나기 전에 여러분을 "그리스도 안에" 집어넣으려고 노력하고 있음을 보여 준다. 본문에 대한 살몬드의 주석은 벵겔이나 칼빈의 주석보다는 나은데(<헬라어 주석 신약>, p.248), 우리는 여전히 그곳에서도 혹시 성도가 "아담 안에"(고전 15:22) 있기 전에 "그리스도 안에" 있었을 것이라는 생각들을 보게 된다.

더 이상 시간이나 종이를 낭비하지 않기 위해 딱 잘라서 분명하게 사실들에 대해 말하겠다.

1. 아무도 거듭나기 전에는 "그리스도 안에" 있을 수 없다.

2. 아담이 죽었을 때 모든 사람은 "아담 안에" 있었다.

3. "선택된 자"는 "그리스도 안에" 있지 않았고, 그들은 타국인이며, 세상의 풍조를 따르고, 진노의 자녀이며, 허물과 죄들로 죽었고, 소망도 없고, 하나님도 없으며, 하나님께 알려지지도 않았다(갈 4:7-9, 엡 2:1,3,12).

4. 에베소서 1:4의 "chosen"(택하시어)의 헬라어 단어는 마가복음 13:20, 요한복음 15:19, 로마서 9:11; 11:5, 고린도전서 1:27 등에도 발견되는데, 그중 한 번도 세상의 기초 이전에 있었던 판결과 관련하여 언급되지 않았다. 야곱이나 이스라엘 그 누구도 세상의 기초 이전에(before the foundation of the world) 택함받지 않았다. 바울이나 아브라함도 마찬가지다.

5. 성도는 데살로니가후서 2:13에 의하면 세상의 기초 이전이 아니라, "처음부터"(from the beginning) 택함받았다. 그런데 어떻게 "처음 이전에" 택함받을 수 있는가?

6. 만일 선택이 영원하다면, 어떻게 여러분은 영원 안에서 거룩해질

수 있었는가?(벧전 1:2) 에베소서 2:12,13은 분명히 여러분이 거룩하게 되기 전에는 아무것도 아니었음을 보여 준다.

7. 마태복음 22:14에는 부르심이 "선택"을 앞선다.

여러분이 만일 세상의 기초 이전에 "그리스도 안에" 있었다면, 여러분은 명백히 창세기 2장에서 "그리스도로부터" 떨어져 나가 "아담 안으로" 들어갔으며, 여러분이 회심했을 때 다시 "아담으로부터" 나와 "그리스도 안으로" 다시 들어간 것이다. 그렇다면 그가 다시 떨어져 나가지 말라는 보장이 어디 있겠는가?

케네스 웨스트가 사용한 불분명한 헬라어를 평이한 영어가 얼마나 분명하게 했는지를 주목하라. [오히려 <현대인을 위한 기쁜 소식>이 이 구절의 의미를 마틴이나 웨스트보다 더 잘 설명하고 있다.]

1. 영어가 헬라어를 분명하게 하는 경우는 디모데후서 1:9에도 나타난다(8번 현상). 본문에서 우리는 세상이 시작되기 전에(엡 1:4) 하나님께서 우리에게 특별한 것들을 주셨다는 말을 듣지만, 이것들은 오직 "그리스도 예수 안에서" 우리에게 주신 것이기 때문에(본문을 보라) 그것들을 받기 위해서 우리는 "그 안에" 들어갈 필요가 있다.

2. 본문(엡 1:4,5)과 디모데후서 1:9,10의 표현이 아주 유사함을 주목하라.

그 의미는 분명하다. 하나님께서는 세상의 기초 이전에 이 시대에서 그 누구도 "그리스도 안에" 있지 않는 한 그들이 "거룩하고 흠 없이" 택함받지 못할 것을 판결하셨다. 예수 그리스도께서는 유일한 중보자이시며, 그분을 통해 모든 복들이 나누어지며(10절), 우리는 오직 그 사랑하시는 이 안에서만(6절) 받아들여질 수 있다. 여러분은 창세기 1:1 이전에 그 사랑하시는 이 안에 없었으며, 그 때는 어느 누구도 그분 안에 있지 않았다. 그리스도께서는 여러분이 들어갈 몸을 사도행전 2장 이후에 가지셨고(요 17:23), 그러므로 그 이전에 선택된 자를 다루는 칼빈주의의 전체 체계는 헛소리에 불과하다.

"예정"(5절)은 항상 미리 아심 이후이며(롬 8:29), 선택도 항상 미리 아심 이후에 나온다(벧전 1:2). 이 같은 진리로 인하여 웨스트, 제미에슨, 포셋, 브라운, 살몬드는 "미리 아심"에 해당하는 새로운 단어를 만들어 냈다. 그것은 "효율적인 판결"이나 "효율적인 미리 정하심"인데, "미리 아심"이 이러한 의미를 담고 있는 헬라어 본문은 어디에도 없다(15번 현상). 이러한 학자들의 사사로운 해석은 칼빈주의를 성령께서 기록하신 단어 안으로 집어넣어 읽으려는 시도들이며, 그것은 성령님과는 무관한 일이다.

『**하나님의 기쁘신 뜻에 따라... 우리를 자신의 자녀로 입양할 것을 예정하셨으니**』(5절). 여기서 마틴은 칼빈주의적 입장을 취하고 있다(<위클리프 주석>, p.1303). 즉 그는 하나님께서는 어떤 사람은 구원으로 선택하시고 나머지 다른 사람들은 선택하지 않았다고 주장한다.

본문은 칼빈주의 체계의 핵심인데, 이 구절을 로마서 9:16,18과 합하여 그 위에 제한된 속죄, 저항할 수 없는 은혜, 무조건적인 선택, 전적 타락과 같은 체계가 세워졌다. 이 체계는 사람에게 알려진 것들 중 가장 심한 신학적 모순을 담고 있으며, 그 신학 뒤에 있는 모든 아리스토텔레스적 철학은 논리 작용을 왜곡시킨다.

1. 나는 하나님께서 하셨던 것과 왜 하나님께서 그것을 하셨는지를 이

해할 수 없다. 왜냐하면 하나님은 "하나님의 기쁘신 뜻에 따라"(엡 1:5) 임의적으로 행하시기 때문이다.

2. 하나님께서는 이 일들을 나의 동의 없이 행하시지만, 그분은 나를 위해 결정을 하셨기에(롬 9:16) 구원받기 전에 나는 내 자신의 의지를 사용할 필요가 없다.

3. 하나님께서는 어떤 사람들만 그들의 의지와 상관없이 선택하시고, 그들만을 위해 속죄하셨다. 왜냐하면 하나님께서 구원하시고자 하는 사람들보다 더 많은 사람들을 속죄하셨다면 하나님의 의지가 꺾였다는 말이 되기 때문이다.

4. 하나님께서 선택된 사람들을 택하시는 데 있어서 어떤 근거를 가지시는 것은 행위로 인한 구원을 의미하는 것이 된다. 따라서 나는 그것을 하나님께 맡기고, 나의 어깨를 으쓱하며 단지 다음과 같이 말할 뿐이다. "하나님께서 가지고 계신 그분 자신의 목적은 아무도 알 수 없다. 나는 얼마나 겸손한가?"

그러나 이 모든 것들을 자세히 살펴보면 그 체계는 여지없이 무너지고 만다.

그들이 만일 창세기 1:1이전의 하나님의 마음이나 하나님의 목적을 알지 못한다면, 그들은 창세기 1:1이전에 하나님께서 어떤 일들을 "판결"하셨다는 것을 어떻게 알고 우리에게 말할 수 있는가? [벌콥에 의하면 모든 하나님의 판결들은 영원하다. 그런데 벌콥은 어떻게 그것을 알아냈는가? (롬 11:34,35)] 그들은 이미 만일 어떤 사람이 그분의 속죄를 거부한다면 하나님의 뜻이 좌절된 것이라고 가정하고 있으며, 성경이(히 10:29) 속죄는 제한되지 않았다고 말하고 있는데도(벧후 2:1) 그들은 속죄가 제한된 것이라고 가정하고 있다. 그들은 하나님의 분명한 의도(벧후 3:9)를 거부하는 동안에는 하나님의 "목적"에 대해 상당히 많이 알고 있는 것처럼 말한다. 사실 모든 극단적 칼빈주의자들은 왜 선택된 자들이 구원받고 버림받은 자들이 그렇지 못한지를 정확히 안다고 고백하지만, 그들 중 아무도 그것을 "자유의지"와 연관시키지 못한다. 그러나 하나님께서는 분명히 개인이 구원을 받아들일 것인지 거부할 것인지에 대해 "의지"에 모든 강조점을 두고 계신다(사 14:13,14, 요 5:40, 마 23:37, 계 22:17, 행 7:51).

진리는 하나님께서 누가 영접하고 거절할지를 아신다는 것이며(롬 8:29, 벧전 1:2), 영접한 자들을 『자기 아들의 형상과 일치하게 하시려고』(롬 8:29), 『자신의 자녀로 입양』(엡 1:5)하시려고 "선택"하고 "예정"하셨다는 것이다.

칼빈주의는 독자들이 자신이 할 수 있는 모든 것을 포기하고 그의 손을 올리며 "알라의 뜻대로! 운명대로!"라고 말할 때까지 지치게 만들도록 고안된 복잡하고 난해한 이론이기 때문에 우리는 그것을 가능한 한 빨리 제거해야만 한다.

칼빈주의의 가장 심각한 문제점은 예수 그리스도를 영접해야 하는 곳에서 자유의지를 부인해 버리는 것이다(요 1:11-13). 더 분명히 말하자면 칼빈은 구원받지 않은 죄인이 자신의 자유의지로 그리스도를 영접하거나 거절할 수 있다는 진리를 부인한다. 만일 그 죄인이 선택되었다면 그는 자신의 의지의 동의 없이 성령에 의해 압도당해 구원을 받는다는 것이다(벌콥의 <조직신학>, p.483). 그리고 만일 그가 선택되지 않았다면 결국 그는 죽게 되고, 설령 그가 결정한다 해도 그리스도를 영접할 수 없다는 것이다. 칼빈의 "시체"는 그리스도를 거부한 데에는 책임을 져야하지만, 그리스도를 영접하는 데에는 책임질 능력이 없다는 것이다.

극단적 칼빈주의는 그들의 입장을 이처럼 단순화시켜 말하는 것에 대해 매우 분개해하며 이러한 묘사는 "중상모략"이며 "잘못된 표현"이라고 항변한다. 그러나 개혁 신학자들의 조직신학을 대강만 보더라도 이것이 그들의 정확한 입장임을 쉽게 확인할 수 있다. [반대 입장이 개진되겠지만 그것은 그들의 신학체계와 모순되는 것들이다. 세상에서 벌콥, 댑니, 마우로, 질, 패트릭, 핫지, 칼빈, 쉘톤, 아더 핑크가 제시한 주장보다 더 모순되는 이론 체계는 없을 것이다.]

성경이 분명히 밝히는 견해는 다음과 같다.

1. 하나님께서는 사람들이 그분의 아들을 영접할지 그렇지 않을지를 그들이 그 일을 하기 전에 미리 알고 계셨다.

2. 이 미리 아심의 근거 위에 하나님께서는 그들을 미래의 어느 시점에 "자기 아들의 형상과 일치하게 하시려고" 예정하셨다.

3. 어떤 인간의 공로도 고려되지 않지만, 칼빈과 같이 그리스도를 영접하는 자원하는 의지를 "인간의 공로"나 "선행"이라고 주장하는 것은 어리석음의 극치이다.

진짜 칼빈주의자들이 비록 "미리 아심"을 지우지 않고 자유의지를 없애는 동안, 자유의지를 믿는 사이비 칼빈주의자(케네스 웨스트)는 "미리 아심"이란 단어를 지워야만 한다. 여러분은 "그렇게 간단한가?"라고 물을 것이다. 그러나 사실이 그렇다. 그리스도를 영접한 결과는 좋은 것이기 때문에 칼빈은 그리스도를 영접하는 것이 "선행"이라고 생각하여 아무도 자신의 자유의지로 예수 그리스도를 영접할 수 없다고 주장하였다. "전적 타락"의 교리와 죄인의 죽음을 지지하기 위해 칼빈은 인간의 의지를 완전히 제거하였으며, "의지"가 타락의 대상이 아니라는 사실을 전혀 알지 못했다. 사람이 어떤 것을 받아들이거나 거부할 수 있다는 사실은(성령께서 깨닫게 하시는 역사를 포함하여, 행 7:51) "타락"이 사람의 정신적이고, 감정적이며 영적인 구조에까지만 확장되었다는 것을 보여 준다. "의지"는 마음의 기능이지, 생각이나 느낌이나 영감처럼 마음을 통해 나오는 것이 아니다. 하나님께서는 누가 그의 아들을 영접할지 거부할지를 아시지만, 그것은 그들의 책임에 어떤 영향도 미치지 않는다.

『이는 하나님께서 그 사랑하시는 이 안에서 우리를 받아들이신 그의 은혜의 영광을 찬양케 하려 하심이니라』(6절). "그의... 영광을 찬양"한다는 표현이 본문에서는 하나님 아버지께 사용되며, 12절에서는 이 표현이 아들 하나님께 사용되고, 14절에서는 다시 성령 하나님께 사용되고 있다.

사람이 그리스도를 발견하는 것은 하나님의 은혜이며(엡 2:8,9), 따라서 사람이 그리스도를 영접하는 것도 하나님의 은혜이다. 그리스도께서는 하나님께서 "사랑하는" 자이시며(마 3:17; 12:18), 우리는 그분 안에 있기 전까지 받아들여지지 않았다. 이와 같이 성경과 성경을 비교한 분명한 해석이 제시되었고, 그것이 4절에 대한 적절한 해석 방법임을 분명하게 가리키기 때문에, 우리는 1881년 이후의 모든 개정자들이 양의 가죽을 쓴 늑대와 같이 하나님의 말씀을 공격하는 것을 보고 놀랄 필요가 없다.

"모든 현대 역본들"은 여러분이 "그 사랑하시는 이 안에서" 받아들여지지 않았다고 말한다. [<현대인을 위한 기쁜 소식>(1966), <확대역본>(1958), <필립스 역본>(1958), NEB(1961), RV(1881), ASV(1901), NASV(1960),

RSV(1946), 케네스 웨스트(1961)] 만일 새로운 성경들이 <킹제임스성경>을 개정한 것이라면, 당신은 다음의 성경들에는 "그 사랑하시는 이 안에서" 받아졌다는 것이 기록되었다는 사실을 어떻게 설명할 수 있는가? <틴데일 성경>(1525), <그레이트 성경>(1539), <제네바 성경>(1560), <비숍 성경>(1568). 새 번역본들은 어떤 계열의 성경을 따른 것인가?

그것은 아주 쉽다. 그들의 본문은 모두 예수회 성경(림즈 성경)으로부터 왔다. 웨스트, 디엠, 렌돌, 클라크, 레인지, 더멜로우, 제미에슨, 포셋, 브라운, 밥 존스 대학의 교수진은 모두 여러분의 "종교개혁 성경"을 짓밟고 로마카톨릭 성경의 1941년판을 따르고 있다. 새로운 역본들은 <킹제임스성경>을 개정하거나 헬라어를 개정한 것이 아니다. 그들은 제롬의 라틴 벌게이트를 개정했을 뿐이다.

혼란의 팥죽을 위해 여러분의 장자 상속권을 파는 이 프로테스탄트 에서들을 볼 때마다 여러분은 그들 뒤에 알렉산드리아가 있음을 발견할 것이다.

살몬드 목사(<헬라어 주석 신약>, p.253)는 이미 우리가 그의 책을 읽기 전에 알고 있던 것을 상세하게 설명하고 있을 뿐이다. 새로운 역본들은 바티칸 사본과 시내 사본의 변개된 본문을 기초로 했고, 영감으로 기록된 참된 본문 대신 이 같이 변개된 본문으로 대체한 책임은 웨스트코트, 홀트, 라잇풋, 엘리콧, 티쉔돌프에게 있다. 이것이 바로 그토록 많이 들어온 "유능한 학자들"의 업적이다.

학자들이 여러분에게 ASV(1901)의 본문은 <킹제임스성경> 번역자들에게 알려지지 않은 필사본들을 토대로 이루어졌다고 말하는 것은 순전히 거짓말이다. ASV의 저본들은 이미 로마카톨릭에 의해 1582년 공식 출간된 <예수회 성경>이다.

1:7 **그 사랑하시는 이 안에서 우리가 그의 은혜의 풍성함을 따라, 그의 보혈을 통하여 구속, 곧 죄들의 용서함을 받았느니라.**
8 **그 은혜의 풍성함으로 인하여 그는 모든 지혜와 총명을 우리에게 넘치게 하시어**
9 **그의 기쁘심을 따라 자기 안에서 계획하신 바 그의 뜻의 신비를 우리에게 알게 하셨으니**
10 **이는 때가 찬 경륜 안에서 하늘에 있는 것들이나 땅에 있는 것들이나 자신 안에 있는 것들까지도 만물을** 그리스도 **안에서 하나로 함께 모으려는 것이니라.**
11 **모든 것을 그 자신이 의도한 대로 행하시는 이의 목적을 따라 우리가 예정되어 그분 안에서 유업을 받았으니**
12 **이는 먼저** 그리스도를 **믿었던 우리로 그의 영광을 찬양케 하려 하심이니라.**
13 **너희도 진리의 말씀, 곧 너희 구원의 복음을 듣고서 그분을 신뢰하였으니 또 너희가 그분을 믿고서 약속의 그** 성령**으로 인침을 받은 것이니라.**
14 **이는 값 주고 사신 그 소유를 구속하기까지 우리의 유업의 보증이 되사 그의 영광을 찬양케 하려 하심이니라.**

이제 독자들이 "유명한 학자들"이 최초의 원본을 회복하기 위해 자행한 위험들을 철저히 경계하리라 믿기 때문에, 이제 그들이 본문에 대해 비평하는 것에는 시간을 덜 할애하고, 대신 본문의 설명에 주력하겠다. [1880년 이후의 모든 성경 개정은 로마카톨릭의 작품이라고 말하면 충분

하다.]

『그 사랑하시는 이 안에서 우리가... 그의 보혈을 통하여 구속』(7절). 앞의 말들이 <킹제임스성경>에 나온 대로 학자들에 의해 변개되지 않았다면 이 구절이 얼마나 앞의 말들과 잘 어울리는지 볼 수 있을 것이다. 우리는 용서와 구속이 없으면 받아들여질 수 없다. 구약에서 그들은 "용서되었으나"(출 34:7), 최종적인 의미에서는(롬 3:25) 구속되지는 않았다(히 9:15). 우리의 구속은 골로새서 1:14에 나와 있듯이 "그의 보혈을 통하여" 되었다. [살몬드, 메이어, 라잇풋, 립시우스, 트렌치, 알포드, <필립스 역본>, <모펫 역본>, <웨이마우스 역본>, <버클리 역본>, <굳스피드 역본>, RV, RSV, ASV, NASV, NEB, 클라크, 레인지, 엘리콧, 제미에슨, 포셋, 브라운, 사탄은 모두 골로새서 1:14에서 "그의 보혈을 통하여"를 삭제하였다.]

이 시점에서 <현대인을 위한 기쁜 소식>은 갑자기 변덕을 부리며 "보혈"(blood)이 고어라고 결정해 버린다. <현대인을 위한 기쁜 소식>을 번역한 배교자들은 본문에서 "보혈"을 빼버리고 그리스도의 "죽음"으로 대치하고 있다. 그러나 그렇게 기록된 헬라어 필사본은 하나도 없다. 그러므로 1881년 이후 성경 개정자들에게 헬라어 필사본은 아무런 문제가 되지 못했다. <현대인을 위한 기쁜 소식>은 사도행전 20:28, 로마서 5:9, 에베소서 2:13에서 그리스도의 보혈을 삭제했다.

사람들이 피가 모자랄 때 생기는 병이 무엇인가? "빈혈"이다. 그래서 예수 그리스도의 보혈을 삭제한 이 새로운 역본들은 "빈혈 성경"이라 불릴 만한 것이다.

『그의 기쁘심을 따라... 그의 뜻의 신비를 우리에게 알게 하셨으니』(9절). 우리를 예정하신 것이 하나님을 기쁘시게 할 뿐 아니라(5절), 하나님께서 왜 우리를 예정하셨는지를 보여 주시는 것도 하나님을 기쁘시게 한다(9절). 성경의 예정은 더 이상 칼빈과는 상관이 없다. 우리는 우리가 구속되고 용서받았기 때문에 예정되었고(7절), 이것이 우리로 "그 사랑하시는 이 안에서"(6절) 우리를 받아들이시게 하였다. 베드로는 죄들이 미래에 지워지리라고 말하기 때문에 사도행전 3:19에서 이 사실을 알지 못했지만, 골로새서는 과거에 그것을 지워 버리셨다고 말한다(골 2:14).

하나님의 뜻의 신비는 다음과 같이 설명된다.

『이는 때가 찬 경륜 안에서 하늘에 있는 것들이나 땅에 있는 것들이나 자신 안에 있는 것들까지도 만물을 그리스도 **안에서 하나로 함께 모으려는 것이니라』**(10절, 2:7 참조). 그리스도 안에 있는 만물은 일반적인 지칭이며, 마가복음 1:5과 고린도전서 9:22과 특별히 고린도전서 15:27,28의 "모든"(all)과 잘 어울린다.

함께 모인 것들은 "그리스도 안에서" 함께 모인 것들이다. ["자신 안에 있는 것들까지도"라고 강조한 것을 주목하라.] 구원받지 못한 사람들, 마귀들, 타락한 천사들은 그리스도 안에 있지 않으며, 앞으로도 그럴 것이다. "만물"(all things)은 하나님의 모든 다루심, 행위, 계획, 경륜들을 가리킨다. 하나님께서는 주 예수 그리스도께서 이 계획들의 머릿돌이 되실 것을 정하셨다. 영원이 시작될 때(계 21,22장), 어린양께 모든 관심이 집중될 것이며(계 21:23), 구약과 교회 시대, 대환란, 천년왕국의 구원받은 사람들이 예수 그리스도 주위에 모일 것이다(엡 3:15 주석 참조).

"때가 찬 경륜"은 아직 미래에 놓여 있지만(행 3:21), 그리스도의 초림은 요한계시록 21장에 끝날 시대들을 시작했다(엡 3:9 주석 참조). 본문으로부터 두 가지 이단이 나왔다.

1. 후천년주의 : 우리의 시간은 때가 찰 때까지 자동적으로 점점 뻗어 나가며, 그 때가 되면 모든 사람이 그리스도께로 돌이킬 것이다(<강단의 주석>, 제20권, p.4 참조).

2. 보편적 구원론(오리겐, 벌링거) : "만물"은 이 땅의 모든 죄인, 마귀들, 사탄, 타락한 천사들, 지옥에 있는 사람들을 가리킨다.

그러나 주제는 "것들"(things)이지 "사람들"이 아니다. 나열된 것들 중 하나는 유업이다.

『**우리가... 그분 안에서 유업을 받았으니**』(11절, 14절 참조). 후천년주의자들과 보편적 구원론자들은 "things"가 참으로 "things"이기 때문에, 10절에서 "things"를 사람들로 만들려는 그들의 기회를 상실하고 만다. 그러므로 1881년부터 출간된 시중의 거의 모든 성경은 "유업을 받았으니"(obtained an inheritance)를 "were made an inheritance"(유업이 되었으니)나 "were made a heritage"(상속되었으니)로 변개시켰다. [한글개역판도 "기업이 되었으니"라고 변개시켰다.] 이것을 합리화하기 위해 후천년주의자들은 신명기 4:20을 인용한다. 이것은 명백한 오류이다. 본문에서 성령님께서는 조심스럽게 우리에게 유업이 버려지면 유업이 손해를 입게 됨을 알려 주신다(룻 4:6). 하나님께서는 결코 이스라엘을 버리지 않으셨으며(롬 11장), 그들은 여전히 하나님의 유업이다(렘 10:16, 마 21:38).

이 본문의 동사("받았으니")를 처음으로 수동태로 사용한 사람은 1582년 예수회 신부이며, 웨스트코트와 홀트는 1881년에 이 카톨릭 번역본을 다시 만들어 낸 것이고, 다음으로 제미에슨, 포셋, 브라운(1961), RSV(1946), ASV(1901), 케네스 웨스트(1961), 닐 박사와 커스터 박사(밥 존스 대학)에게 부지런히 전달되었다. NEB와 <필립스 역본>은 <현대인을 위한 기쁜 소식>보다는 본문에 더 가깝다. [<확대역본>은 두 가지 본문을 다 담고 있기에 밥 존스 대학과 테네시 템플의 졸업생들이 함께 어울려 에큐메니칼 공회를 열 수 있게 했다.]

우리는 "값 주고 사신 그 소유"(14절)이지 "유업"이 아니다. 우리는 입양되었기 때문에(5절) 유업을 가진다. 모든 헬라어 본문은 이 중요한 두 가지 진리를 놓치고 있기에, 이 사실이 <킹제임스성경>을 통해 올바르게 제시되어야 한다(8번 현상).

『**목적을 따라 우리가 예정되어**』(11절). 칼빈주의자들은 이 구절을 오해하여 "당신은 하나님의 임의의 목적에 따라 구원받기로 예정되었다. 그것은 당신이 아니라 하나님의 기쁘심을 따라 자기 안에서 계획하신 것이었다."라고 본문을 해석한다.

"예정"이란 말의 의미는 다음과 같다.

1. 미래에 그리스도와 같아질 것이다(롬 8:29).

2. 우리의 그리스도 영접 여부에 따라 자녀로 입양되는 것이다(엡 1:4-9).

『**이는 먼저** 그리스도를 **믿었던 우리로**』(12절). 바울은 에베소인들이 그리스도를 신뢰하기 이전에 자신을 그리스도를 믿는 그룹 안에 포함시킨다. 이것은 물론 벌링거의 이론을 철저히 파괴시키는데, 이는 그리스도의 몸이 사도행전 18,19장 이전에 시작되지 않았다면 바울은 그리스도의 몸 안에 있지 않았다는 것을 의미한다. 그리스도의 몸이 사도행전 28장까지 시작되지 않았다면 바울은 두 몸들에 속해 있다는 이야기가 된다(<컴패니언 성경>, p.1761). 본문의 "우리"는 2:10,14,18에 나오는 "우리"를 가리킨다. 특히 11절의 "우리"는 유대인과 이방인을 포함하고 있으며, 12절의 "우리"는 13절의 "너희"와 대조되어 유대인 성도만을, 다시 14절에서는 둘 다 포함되고 있음을 주목하라.

『**너희도 진리의 말씀, 곧 너희 구원의 복음을 듣고서 그분을 신뢰하였으니 또 너희가 그분을 믿고서 약속의 그 성령으로 인침을 받은 것이니라**』(13절). 죄인이 말씀을 듣고(요 5:24), 그가 복음의 진리를 믿으면(갈 1:8,9), 이것으로 인해 그는 예수 그리스도를 자신의 구주로 신뢰하게 된다(롬 10:3). 그가 자신의 의지로 이렇게 할 때 하나님께서는 그 죄인에게 영적인 할례를 행하시고(골 2:11,12), 저장음식을 담은 병들을 봉인하듯이 그를 인치신다. 그는 "값 주고 사신 그 소유를 구속하기까지"(14절) 보호되며, "구속의 날까지"(엡 4:30) 인치심을 받았다.

모든 것은 분명하다. 성도의 몸은 값 주고 사신 바 되었으며(고전 6:20), 그의 육체적인 몸은 하나님의 소유가 되었다(고전 6:19). 비록 그리스도인의 혼은 그가 예수 그리스도를 믿을 때 구속되었지만(엡 1:7), "값 주고 사신 그 소유"(14절)는 휴거 때 구속될 것이다(고전 15:50-56).

알프레드 마틴 박사는 "16번 현상"을 보여 주고 있다. 마틴은 "최초의 원본"에는 형용사(헬라어, "*하기오*")가 강조되어 있다고 말한다. [아무도 최초의 원본을 본 사람이 없다고 하면서도 그들은 걸핏하면 그것을 들고 나온다.]

제미에슨, 포셋, 브라운은 다시 "헬라어"를 잘 번역한다면서 <킹제임스 성경>에 변개를 가한다. 그러나 그들이 헬라어를 다시 번역한 것(주석서, p.1281)에는 "약속"(promise) 앞에 정관사가 빠져 있다. 그들은 에베소서 2:8의 "은혜" 앞의 정관사도 동일하게 삭제하였다(17번 현상). [윌리엄스는 <킹제임스성경>을 RV의 13절처럼 읽어야 한다고 말한다.]

『**우리의 유업의 보증이 되사**』(14절). 성령을 약속하셨고(갈 3:14 주석 참조), 성령께서 오실 때 우리의 양자됨을 증거하신다(롬 8:16). 양자가 되었기 때문에 우리는 그리스도께서 나타나실 때(요일 3:1-3) 진정한 아들로서 우리에게 주어지는(갈 4:1-6) 충분한 유업을 받을 것을 확신할 수 있다. 이 유업의 일부는 죄 없는, 33세 반의, 썩지 않을 남자의 몸이다(마 22:30 주석 참조, <피터 럭크만의 주석서 마태복음>, 말씀보존학회).

블레이키(Blaikie) 박사(<강단의 주석>)에 의하면 "until"(구속하기까지) 대신 "unto"(구속으로)로 읽어야 하며, 또 우리의 주의를 끌기 위해 <킹제임스성경>의 "until"은 헬라어 본문과 다르다고 말한다. 그러나 블레이키는 그 자체로 분명한 본문에 그곳에 있지 않은 단어(그의 13절에 대한 주해에 있는 "*에스테*"를 보라)를 더했으며, 빌립보서 1:10에도 동일한 변개를 가했다. 그러나 제미에슨, 포셋, 브라운은 본문 13,14절에 대한 괜찮은 주석을 달아 놓았고, 이주 훌륭한 참조 구절을 제시하였다. 1881년 이후의 눈먼 안내자를 따르는 주석가들은 그들이 얼마큼 따랐든지 간에 수치를 당할 것이다. [한글개역판도 "구속하기까지"라는 말에서 "until"을 삭제하고 단순히 "구속하시고"로 번역함으로 미래에 받을 "몸의 구속"과 이미 받은 "혼의 구속"을 혼란스럽게 만들었다.]

『**이는 값 주고 사신 그 소유를 구속하기까지**』(14절). 수많은 학자, 주석가, 성경 개정자들이 우리가 주의 유업이라고 주장하지만, 우리는 "주의 유업"이 아님을 유념하라(11절의 주석 참조). 대신 우리는 육체적인 구속을 기다리는 "값 주고 사신 그분의 소유"이다. 독자들은 벌링거가 18절을 1절의 "공인된 표준 해석"에 맞추기 위해 만든 혼란을 주의해야만 한다.

1:15 **이 때문에 나 역시**, 주 예수를 **믿는 너희의 믿음과 모든 성도를**
향한 사랑을 들었으니,
16 **너희로 인하여 감사드리기를 그치지 아니하고 나의 기도에 너희**
를 말하노라.
17 **우리** 주 예수 그리스도**의** 하나님, **영광의** 아버지**께서 자기를 아**
는 지식 안에서 지혜와 계시의 영을 너희에게 주시어
18 **너희의 지성의 눈을 밝히셔서 너희로 하여금 그의 부르심의**
소망이 무엇이며 성도들 안에 있는 그의 유업의 영광의 풍성
함이 무엇인지
19 **또 그의 강력한 능력의 역사하심을 따라 믿는 우리에게 향하**
신 그의 능력의 지극히 위대하심이 어떤 것인가를 너희로 알
게 하시기를 원하노라.

20 하나님께서 그 능력을 그리스도 안에서 역사하게 하사 그를 죽은 자들로부터 살리셨으며 천상에서 하나님의 오른편에 앉히사
21 모든 정사와 권세와 능력과 다스림과 이 세상뿐만 아니라 오는 세상에서도 이름지어진 모든 이름 위에 뛰어나게 하셨으며
22 또 만물을 그의 발 아래 두시고 그를 만물 위에 머리가 되게 하셔서 교회에게 주셨느니라.
23 교회는 그의 몸이니 만물 안에 모든 것들을 채우시는 분의 충만이니라.

[우리는 알포드, 엘리콧, 메이어, 드웻, 데이비슨, 살몬드, 리들, 루켄, 슈나이더만, 아봇, 벌링거, 로빈슨, 벵겔, 워즈워드(<관주성경>)가 제안한 변개들을 무시할 것이다. 우리는 이미 이 사람들은 그들이 하는 말의 40%도 알지 못한다는 사실을 배웠다.]

15절은 별다른 설명이 필요 없으며, 데살로니가전서 1:3-10과 어울린다.

16절도 별다른 설명이 필요 없으며, 골로새서 1:9과 조화를 이룬다.

에베소에 있는 성도들을 향한 바울의 중보기도는 다음과 같다(이와 유사한 기도가 엡 3:16-21에도 나온다).

1. "지혜와 계시의 영"(17절)을 너희에게 주시도록
2. "너희의 지성의 눈"(18절)을 밝히시도록
3. "너희로 하여금 그의 부르심의 소망"(18절)이 무엇인지 알도록
4. "그의 유업의 영광의 풍성함"(18절)이 무엇인지 너희가 알도록
5. 본문의 나머지 부분은 그리스도인에게 그 능력이 유용한 분에 대한

설명이며, 그분은 위에 언급된 기도를 충분히 공급하는 분이시다.

모든 것은 너무나 분명하기 때문에, 본문을 명확히 하기 위한 새로운 역본들의 시도는 어리석기 짝이 없다.

먼저 ASV와 NASV는 헬라어 사본에는 정관사가 나오지 않는다고 주장하면서 17절의 "영"(spirit) 앞에 있는 "the"를 삭제하였다(17번 현상). 교만하고 비뚤어진 학자들을 대해본 경험이 있는 사람이라면 이 같은 그들의 말을 어떻게 평가할지 안다. 이런 말들은 "영적 존재란 아기 천사다." 정도로 취급하면 된다.

시중의 모든 번역본들은 어떤 헬라어 필사본에도 없는 정관사를 17절의 "지식" 앞에 둔다(2:10도 마찬가지다). 여러분이 <킹제임스성경>의 변개자들을 다룰 때 그들이 거짓말쟁이라는 것을 분명히 인지해야 한다. 그렇지 않다면 여러분은 그들을 오해한 것이다. 어떤 번역자도 그 다음 구절의 "지성"(헬라어, "*카르디아스*") 앞에 정관사를 붙이지 않는다. 그들은 <킹제임스성경>의 번역자들이 변덕스럽게 관사를 붙였다, 뗐다 한다고 비난하면서도 자신들이야말로 제멋대로 그런 짓을 한다! 얼마나 위선적인가!

"지성"(understanding, 18절)이 나올 때 ASV, RV, RSV는 "성경을 더욱 명백히 한다."든가, "고대 엘리자베스의 영어를 없앤다."든가 하는 말 대신 갑자기 헬라어 "*카르디아스*"를 문자적으로 번역하여 "마음"(heart)이라고 제시한다. 이것은 무슨 의미인가? 이미 디모데후서 2:15에서 헬라어 "*오르소모운타*"를 "올바로 나누어"라고 해석하길 거부한 자들이 뒤늦게 문자적인 번역을 들고 나온다니. <예수회 성경>은 단순히 "다루어"라고 번역하였다. "*오르소모운타*"는 우선 "똑바로 자른다"는 의미가 있다. "문자적인 번역"을 주장하는 사람들의 번역을 살펴보라(4번 현상). 하나님의

말씀을 변개시킬만한 알리바이가 있는가? [한글개역판도 본문을 "마음"으로 변개시켰다.]

"너희의 지성의 눈"은 사무엘상 14:27과 누가복음 24:31의 "눈"을 가리킨다. 그리스도인은 하나님의 지식 안에서 "지혜와 계시의 영"을 원해야만 한다. 이 지식(잠 1:2-7 주석 참조)은 그리스도인에게 구주와 주로서는 물론이고 친구와 동료로서의 그의 구주에 대한 친밀한 지식을 주어야만 한다. 사실 이 기본적이고 확실한 하나님의 지식은 현대의 근본주의자들이 놓친 또 하나의 요소인데, 하나님의 인격과 일하는 방식에 대한 위대한 구절들은 신약이 아니라 구약에 나오기 때문이다. 알다시피 "어제나 오늘이나 영원토록"(히 13:8) 변하지 않는 분은 실제적인 인격이시다. 주님은 생각하고, 상황들에 반응하며, 문제들을 다루시고, 일들을 논의하는 방식들을 가지고 계시며, 계획하고, 응답하며, 유머 감각을 표현하는 습관들을 지니신 인격이시다. 1800년부터 주석가들과 성경 개정자들이 가진 두드러진 특징은 하나님을 무시하는 것이며, 이러한 양상들은 그들의 저서 곳곳에서 드러난다.

사실 1800년 이후의 모든 새로운 역본들에 감추어진 기본적인 이론은 그들이 실제적으로 하나님의 성품을 알지 못한다는 것이다. 하나님의 "지식"을 갖지 못한 자들은 바티칸 사본과 시내 사본을 믿을만한 필사본들이라 생각한다. 우리는 여러 번 "경건한 사람들"의 뛰어난 성품이나 경건한 태도나 그들의 개인적인 헌신을 통해서도 하나님을 알지 못하는 경우들을 볼 수 있으며, 그러한 것들은 바울이 말하는 "지식"과는 거리가 멀다. 바울은 그분을 아는 지식을 말하고 있다. 4년의 신학과정이나 400시간의 "개인적인 헌신"을 가지는 것보다는 이사야 40-53장과 욥기 38-42장을 간략히 공부하는 것이 "하나님을 아는 지식"을 더 많이 제공해 줄 것이다. 이사야와 욥의 하나님은 육신으로 나타난 적이 있는 하나님(딤전 3:16)이시다. "한 몸인 교회"(벌링거)를 위해 "현재적인 진리"를 바울 서신들로만 제한하는 신학은 하나님을 영화롭지 못하게 하는 신학이다.

『**너희로 하여금 그의 부르심의 소망이 무엇이며**』(18절). 우리의 부르심의 소망은 그리스도 자신이시다(히 6:18). 이는 그분께서 우리가 공중에서 만날 분이시고(딛 2:13) 로마서 8:20-24의 소망을 성취하실 분이시기 때문이다(엡 4:4, 골 1:5,23,27 주석 참조, <피터 럭크만의 주석서 골로새서>, 말씀보존학회).

『**성도들 안에 있는 그의 유업의 영광의 풍성함이 무엇인지**』(18절). 여기서 극단적 세대주의자들인 윌리엄스와 벌링거는 "교회"가 하나님 아버지의 유업이라고 말한다(<윌리엄스 주석>, p.920). 벌링거는 교회가 "하늘에서" 그분의 유업이 "될 것"이라는 말을 입증하기 위해 변개된 <칠십인역>으로 달려간다(<컴패니언 성경>, p.1761).

그러나 11,14,18절은 같은 본문의 같은 설명인데, 하나님께서 어떤 것을 유업으로 받을 것이라는 것과는 아무런 관련이 없다. 베드로전서 1:4은 이 점을 분명히 한다. 그러나 윌리엄스, 베이커, 스탬, 벌링거, 오헤어는 베드로전서가 "유대인의 서신"이라 생각하여(교회에 전혀 적용하지 않는다), 참고 구절을 완전히 무시한다. 물론 하나님 아버지는 유업을 갖고 계신다(룻 4:1-6, 시 28:9; 33:12; 68:9; 78:62,71; 94:14; 106:5,40, 사 19:25; 47:6; 63:17, 렘 10:16; 16:18; 51:19). "경륜"이나 "신비"보다 더 자주 언급되는 이 핵심적인 성경의 진리를 무시하는 벌링거와 윌리엄스는 그들 자신의 사사로운 해석에만 열심임을 보여 준다. 극단적 세대주의자들은 결국 그들이 설명한 에베소서에서도 신뢰를 받지 못한다. 위에서 언급된 문제만으로도 이것은 너무나 명백하다.

『**또 그의 강력한 능력의 역사하심을 따라... 그 능력을** 그리스도 **안에서 역사하게 하사 그를 죽은 자들로부터 살리셨으며... 모든 정사와 권세와 능력과 다스림과...또 만물을 그의 발 아래 두시고 그를 만물 위에 머리가 되게 하셔서 교회에게 주셨느니라. 교회는 그의 몸이니**』(19-23절). 그리스도를 죽은 자들로부터 살리신 능력은 성도의 육체적인 몸 안에 있다(롬 8:10-11). 본문은 외계로의 여행을 다루고 있다! (엡 3:18 주석 참조) 예수 그리스도를 죽은 자들로부터 살리신 능력이 이 세상의 대기권, 전리층, 일탈권을 벗어나 태양계를 통과하여 S자 모양의 성운을 지나 은하수와 성운과 성단을 통과하여 "북쪽 빈 공간"을 지나 알파 드라코니스 위쪽으로 그분을 끌어올렸다(창 1,2장 주석 참조, <피터 럭크만의 주석서 창세기 I >, 말씀보존학회).

본문에 대한 제미에슨, 포셋, 브라운의 주석들은 매우 뛰어나다. 그들이 <킹제임스성경>에 손 댄 한두 가지를 제외하고는 그 주석은 참고할 만큼 훌륭한 것들이다(빌 2:9, 골 1:16 주석 참조, <피터 럭크만의 주석서 빌립보서>, 말씀보존학회; <피터 럭크만의 주석서 골로새서>, 말씀보존학회).

주 예수 그리스도를 현재의 지리적 위치로 옮기신 능력(20절, 골 3:1)은 질그릇인 이 땅에 있는 우리 안에도 거하신다(고전 3:16). 그 결론은 분명하다. 만일 그리스도께서 그것을 하셨다면 우리도 그것을 할 수 있다. 이것이야말로 피할 수 없는 결론이다. 바울의 기도 내용은 하나님의 자녀들이 이 진리를 보고, 그것을 붙잡고, 하나님의 성품과 행동이 나타나도록 주장하는 것이다(엡 3:16,20 주석 참조). 모든 그리스도인은 초당 10만 광년의 속도로 우주를 여행할 능력이 주어진 우주인이다. 그러므로 어떤 성경대로 믿는 그리스도인도 과학의 "업적" 앞에 무릎 꿇고 존중하지 않는다.

본문은 단순히 영적인 영역에서 예수 그리스도의 주권과 왕 되심을 다루는 것이 아니라, 우주 탐험이라는 실제적인 영역에서의 위대한 능력도 함께 다루고 있다(요 19:9 참조). 에베소서 3:18에서 다시 이 부분을 다룰 때에도 오리겐으로부터 잉글리쉬까지의 모든 주석가들은 관련 구절들을 놓쳐 버렸다. 상대 구절 대신 진리를 위한 기초로 사용된 어떤 종류의 과학이라도 그것은 단지 <킹제임스성경>을 믿는 믿음을 파괴시킬 뿐이다.

<확대신약>은 본문을 보고 흥분한다. 이 번역자들은 알렉산드리아의 은유적인 경향을 따르고 있기 때문에(요 17:17, 살전 2:13을 보라) "천상"(heavenly places)이라는 용어에 대해 즉시 거부감을 보인다. 그들은 동일한 용어를 1:3에서는 "heavenly realm"(하늘의 영역)으로, 1:20에는 "heavenly places"(천상)으로, 2:6에는 "heavenly sphere"(하늘의 범위)로 번역하였다. 그러나 이러한 문법적인 모순들은 이들뿐만 아니라 "번역본"을 통해 자신의 신학을 가르치고자 하는 모든 주석가들에게서 발견되는 양상들이다. 여러분이 <확대역본>의 서문을 읽어 본다면 거기서 인용한 다니엘 12:4에 "of the Lord"(주의)라는 말이 첨가되어 긍정적인 의미로 변개되었음을 볼 수 있을 것이다. 다니엘 12:4은 디모데후서 3:7의 당연한 결론이며, 제임스 존

스가 쓴 <여기부터 영원까지, From Here to Eternity>처럼 전혀 긍정적인 의미가 아니다.

이제 예수 그리스도는 모든 것 위에 계신다. 여기서 "위"(above)라 함은 영적인 머리되심은 물론이고 지리적인 위치의 의미로도 사용된 것이다(겔 28:14 참조). 그분은 지리적으로나 방향 면에서 "우주의 만물 위에" 계시며, 권세와 권위와 관련해서도 "우주의 만물 위에" 계신다. 사탄, 마귀들, 천사들, 스랍들, 그룹들, 천사장들이 모두 그분께 복종한다(골 1:16-19). 보좌들, 다스림, 정사, 권세(엡 1:21), 민족들(마 28:19,20), 사람들, 짐승들(사 11장), 식물들, 바다들, 산들(시 148편), 별들, 은하수, 행성들, 원자, 양성자, 중성자, 전자(히 1:3)도 그분의 직접적인 뜻과 허용하시는 의지에 의해 존재하고 유지된다. 예수 그리스도께서는 교회시대와 대환란, 천년왕국, 아니 영원토록 모든 이름들 위에 높임을 받아야 한다(빌 2:9). "모두가 예수의 이름의 능력에 만세를 부르고, 천사들은 꿇어 엎드리게 하라!" 오직 그분의 "말씀"(시 138:2)만이 그분의 "이름" 위에 높임을 받으시며, 이것이야 말로 보수주의, 복음주의, 근본주의라는 이름 뒤에 감추어진 자기 자랑으로 일관하는 학자들이 그분의 말씀을 계속해서 표적으로 삼는 이유이다. 알다시피 만일 누군가가 그분의 "말씀"을 고친다면 그는 간접적으로 하늘과 땅의 최고 권위(엡 1:21) 위에 자신의 권위를 두는 셈이다.

그러므로 로마카톨릭 교황이 하나님의 말씀의 권위에 접근하는 방식(또는 그 뒤에 숨겨진 동기)과 로버트슨, 케네스 웨스트, 티엠, 와필드, 메이첸, 1880년 이후에 살았던 300명 이상의 일류 학자들이 사용했던 방식 사이에는 어떤 근본적인 차이도 없다.

"만물"은 (지리적인 의미에서) 그의 발 아래 있으며, 이 땅은 단지 그분의 발판일 뿐이다(마 5:35). 그의 원수들 모두는 아직 정복되지 않았고(고전 15:26), 그들 모두가 그의 발에 입맞추지 않았지만(시 2:12; 110:1-6), 곧 그들은 그렇게 할 것이다(빌 2:9 주석 참조).

예수 그리스도께서는 교회의 머리이시며, 과거나 현재, 미래에도 유일한 교회의 머리이시다. 여러분은 성령으로 이 몸에 들어갔고(엡 4:4), 성령으로 그 안으로 침례받았기 때문에(고전 12:13) 이 몸에는 "보이는 머리"는 없다. "하나님은 한 영"(요 4:24)이시기에 그 머리도 영적인 머리여야만 한다. 우리의 "머리"는 하늘에 계시고, 우리는 그리스도의 지체가 되었기 때문에 장성한 어른이 접시 물에 빠져 죽을 수 없듯이 결코 멸망에 빠질 수 없다(딤전 6:9). [그리스도로부터 떨어져 나간(갈 5:4 주석 참조) 죽은 정통주의 배교자들에게는 문제가 있겠지만, 구원받은 우리들은 셋째 하늘의 신선한 공기를 마시고 있다(고후 12:2, 엡 2:6).]

『**교회에게 주셨느니라. 교회는 그의 몸이니**』(22,23절). 교회의 정의를 주목하라. "교회"는 결코 정치적인 집단이나 사회개혁 단체, 친교 모임, 사교 클럽, 상점, 오락 장소, 시위 장소, 강연 장소가 아니다. "교회"는 그의 몸이다. 그리스도의 지상의 몸은 겸손과 온유의 몸이었다. 그리스도께서 지상에 계셨을 때에 그분은 잃어버린 자를 찾았고, 말씀을 믿었으며, 형식주의나 의식주의를 결코 묵과하지 않으셨고, 카나안 사람을 "개들"로 언급하셨으며, 에큐메니칼 공회를 향해 진노하셨고, 가시면류관 외에는 어떤 면류관도 가지지 않으셨다.

이것이 여러분의 교회의 모습인가?

극단적 세대주의자들이 이 구절을 인용하면서 얼마나 왜곡시켰는지 주목하라. 극단적 세대주의자들은 "교회는 그의 몸이니"를 "한 몸인 교회"(the church of the one body)로 읽어 버린다. 이와 같이 왕의 영어를 변개시킨 것은 신약에 다른 몸을 가진 교회가 있다는 인상을 준다. 이것이 벌링거의 교리적 신념이다. 그러나 본문은 기록된 그대로 읽어야 한다.

『**만물 안에 모든 것들을 채우시는 분의 충만이니라**』(23절). 케네스 웨스트는 카톨릭 <조합성경>(1941)이 본문을 "만물과 함께 모든 것을"(all with all)이라고 변개시킨 것을 그대로 베꼈으며, 알포드, 벵겔, 엘리콧, 메이어, 워즈워드, 살몬드도 이 로마카톨릭의 변개된 본문을 추천한다. 반면 ASV, RV, RSV는 <킹제임스성경>의 본문을 그대로 유지하고 있기 때문에 올바른 본문을 지니고 있다.

예수 그리스도의 영적인 몸은 교회이며, 그분의 육체적인 몸은 지극히 높으신 분의 오른 편에 앉아 계신다(행 2:34,35, 히 12:2). 그분의 영적인 몸은 "만물 안에 모든 것들을 채우시는" 그의 충만이다(엡 3:18 주석 참조). 우주를 채우시는 분(히 1:10-13)은 그의 몸인 교회 안에 살아계시며, 그분은 몸의 형태로 거하시는 "신격의 충만함"이시다(골 2:9 주석 참조).

에베소서 2장

2:1 허물과 죄들 가운데서 죽었던 너희를 그가 살리셨으니,
2 전에는 너희가 그것들 가운데서 이 세상의 풍조를 따르고 공
중 권세의 통치자, 곧 지금 불순종의 자녀들 안에서 역사하는
영을 따라 행하였으니
3 그들 가운데서 우리 모두가 이전에는 우리 육신의 정욕들 가운
데서 행하였으며 육신과 마음의 욕망들을 이루어 다른 자들과
마찬가지로 본래 진노의 자녀였느니라.
4 그러나 자비가 풍성하신 하나님께서 우리를 사랑하신 그의 큰
사랑으로 인하여
5 죄들 가운데서 죽었던 우리를 그리스도와 함께 살리셨으니 (너
희가 은혜로 구원을 받은 것이니라.)
6 또 함께 일으키사 그리스도 예수 안에서 천상에 함께 앉히셨으니
7 이는 그리스도 예수를 통하여 하나님께서 우리를 향한 그의 인

자하심 가운데 그의 은혜의 지극히 풍요함을 오는 시대들에 보여 주시려 함이니라.

1절의 "그가 살리셨으니"(hath he quickened)라는 단어들은 <킹제임스성경>의 번역자들에 의해 지지되며, 5절과도 조화를 이룬다. 심지어 RV, ASV, RSV에서도 이 같이 추가된 것을 볼 수 있다. 그러나 RSV는 <킹제임스성경>처럼 정직하지 못한데 RSV는 이 더해진 부분을 이탤릭체가 아닌 본문체로 그대로 사용하였다. 케네스 웨스트도 동일한 짓을 하였다.

『**허물과 죄들 가운데서 죽었던**』(1절). 케네스 웨스트는 "죄들 가운데서"(in)를 "죄들에 관하여"(with reference to)로 번역했다. 신약의 복음적인 교리를 집어던지는 이러한 시도들은 <확대역본>과 <현대인을 위한 기쁜 소식>에서도 발견된다. 그들은 "in" 대신에 "by"나 "because"를 사용하여 의미를 왜곡시킨다. 그러나 이러한 사사로운 해석들은 창세기 3장을 교묘히 피해 보려는 술책일 뿐이다. 여러분은 아담 안에 있었다. 여러분은 여러분의 죄들 안에 있었다(요 8:24). 여러분은 그것들 안에 죽어 있었다(엡 2:5). 죄들은 여러분의 일부였고, 여러분은 죄들의 일부였다(롬 7:1,2). 마치 남편과 아내가 육체적으로 결합되어 있듯이 죄들에 결합되어 있었다(골 2:9-12). 죄들을 "벗어 버리고"(골 2:9-12), 그것들로부터 나와 어떤 다른 것에 결합할 수 있는(롬 7:1-4) 유일한 방법은 새로운 탄생이다. "in"을 "by"나 "because," "with," "for," "at," "in reference to," "in relation to"로 변개시킨 번역본은 그것이 어떤 것이든 거부해야 한다. 여러분이 성령에 의해 살리심을 받기까지(5절), 여러분은 지리적으로나 영적으로(갈 5:16 주석 참조) 허물과 죄들 안에(in) 있었다.

회심하지 않은 죄인의 "죽음"은 벌콥, 칼빈, 핫지, 댑니, 핑크, 쉘톤, 질(Gill)등 칼빈주의자들로 하여금 그가 반응할 수 없다고 생각하게 만들었다. 이 말은 죄인은 죽었기 때문에 그리스도를 영접할 수 없다는 말이다(엡 1:4 참조). 그러나 이러한 가정은 극도로 모순된 생각이다. 만일 그가 영접할 수 없다면 그는 거절하지도 못한다. [죽은 사람이 무언가를 거절하는 것을 본 적이 있는가?] 비록 죄인이 영적으로 죽었다 하더라도, 그는 스스로 결정하기 위해 확실히 반응할 수 있다(행 7:51). 그는 전적으로 타락했지만(엡 1:4 주석 참조), 영접하거나(요 1:12), 거부할 수 있다(막 7:9, 눅 7:30).

『**전에는 너희가 그것들 가운데서... 행하였으니**』(2절). [갈라디아서 5:16의 주석을 참조하라.]

『**이 세상의 풍조를 따르고**』(2절). [골로새서 2:8을 참조하라.]

『**공중 권세의 통치자**』(2절). 이 자는 다니엘 9:26과 요한복음 14:30; 16:11의 통치자이다. 그는 요한복음 12:31의 통치자이기 때문에 에스겔 21:25의 통치자가 될 것이다. 그러므로 그가 더 이상 대기권이 있는 공중의 권세를 지니지 않았다고 말하는 웨스트의 주석은 헛소리에 불과하다.

『곧 지금 불순종의 자녀들 안에서 역사하는 영을 따라 행하였으니』(2절). 본문은 믿는 성도들 안에 성령께서 내주하시듯이, 불신자 안에는 더러운 영이 거하고 있음을 보여 준다(마 12:43-45). 구원받지 못한 자의 몸은 거룩하지 못한 영의 전이며, 그리스도인이 성령에 의해 인도되는 것과 마찬가지로 불순종의 자녀들도 "그들의 주"(lord)에 의해 인도함을 받는다(삼상 19:9,10). 믿지 않는 사람들은 마귀에게 사로잡히거나 마귀의 조정을 받는 정도에 따라 다양한데, 성경에서는 이것을 벨리알, 어두움, 불의, 불신자(infidel), 우상들(고후 6:16), 진노의 자녀들(엡 2:3), 불순종의 자녀들(엡 5:6), 지옥의 자식들(마 23:15), 마귀의 아들들(요 8:44), 독사들의 세대(마 23:33), 잔인한 짐승(벧후 2:12)과 같은 말들로 분류되어 있다.

이 같이 인간의 어휘들 중 가장 지독한 단어들을 성령님께서 신중하게 선택하셨기 때문에, 세상 사람들은 성경을 최고의 증오 문학으로 여기며, 이 세상이 하나로 연합하기 전에 성경을 파괴하거나 변개시켜야만 했다. 로마서 1장과 3장, 고린도전서 6장, 갈라디아서 5장은 하나님께서 인류를 어떻게 생각하시는지를 분명히 보여 준다. 지옥에 속박된 죄인들은 진리를 감추기 위해 고린도전서 13장이나 시편 23편으로 헛되이 달려간다. 주님께서는 그의 "목자"가 아니시며, 하나님께서는 오직 자신의 양들의 목자이시다(요 10:20-28).

불순종의 자녀들은 말씀에 불순종하며(벧전 2:8), 걸려 넘어지게 하는 돌에 넘어졌고(롬 9:32), 하나님의 진노가 그들 위에 머물러 있다(요 3:36). 이 거역하는 자들은(렘 5:23, 사 1:2) 하나님과 원수 되며(롬 8:7), 그들의 육신적인 생각들은 헛되고, 명철은 어두워졌으며, 무지하고, 더럽혀졌다(엡 4:18, 딛 1:15). 본문의 묘사는 요한복음 1:12의 조건이 맞지 않는다면, 테오도르 루즈벨트, 닉슨, 교황 바오로, 아브라함 링컨, 윈스톤 처칠, 암스트롱, 노만 빈센트 필, 제인 폰다, 알버트 슈바이처, 풀톤 쉰, 호치민 등 그 누구라도 예외 없이 해당된다.

제미에슨, 포셋, 브라운은 밀턴의 "실락원"에 너무 몰입하여 우리에게 사탄이 이미 쫓겨 내려왔다는 놀라운(?) 해석을 제시하며(계 12장), 그래서 더 이상 그는 형제들을 고소할 수 없다(계 12:10)고 말한다. 그들은 다니엘 70째 주 중간에 일어나는 요한계시록 12장의 문맥을 사도행전 1장에서 일어났다고 설명한다(p.1283).

일관되지 않고 모순된 새로운 역본들(ASV, NASV, RV, RSV, <새 예루살렘 성경> 등)은 성령께서 다음 구절에서 헬라어 "*테크나*"를 사용하셔서 "자녀"(children)로 해석하셨음을 고려하지 않고 "*휘오스*"를 무조건 "아들들"(sons)로 번역하였다. 이 두 단어가 서로 다르게 번역되어야 한다고 주장하는 이들은 그들의 말과 모순되게 "*휘오스*"를 누가복음 1:16, 고린도후서 3:7,13, 요한계시록 2:14, 7:4에서는 "자녀" (children)로 번역하였다.

『**그들 가운데서 우리 모두가 이전에는... 행하였으며**』(3절). "우리 모두"라 함은 "나" 바울과 "너희" 이방인들을 포함하는 말이다.

『**우리 육신의 정욕들 가운데서**』(3절). 본문은 성도들도 그의 허물과 죄들로 죽었음을 보여 준다(1절 참조). 1절, 3절, 5절 모두에서 헬라어 "*en*"이 여격으로 쓰였으며, <한글킹제임스성경>에는 올바르게 "가운데"(in)로 번역되었다. 그러나 변개된 ASV, RV, RSV는 5절을 "through sins"(죄들을 통하여)로 바꿔 놓았다. 심지어 ASV, RV, RSV의 번역자들이 우상시하는 바티칸 사본도 5절에서 헬라어 전치사 "*en*"을 사용한다. 그러나 이번에는 바티칸 사본이 <킹제임스성경>을 지지하기 때문에 고의로 무시해 버린다(1번 현상).

『**육신과 마음의 욕망들을 이루어**』(3절). 이것은 모든 문제를 포괄한다. 이 땅에서 발견되는 진리는 어떤 세대든지 그중 90% 이상의 사람들이 개나 고양이가 하는 짓을 똑같이 행한다는 것이다. 그들은 "자기만족"(self-gratification), "자기보존"(self-preservation), "자기번식"(self-propagation)을 추구하는데, 이것이 그들이 필요하다고 말하는 전부이다. 사람과 동물은 기본적인 충동을 공유하기 때문에(전 3:18) 다윈이 혼란스러워한 것도 이상한 일이 아니다. 헤겔이나 철학자들이 알기 전에 솔로몬은 모두가 흙에서 왔고 흙으로 돌아간다는 사실을 알고 있었다(전 3:20). 사람들이 중요시하는 요소들은 각기 다양하지만 이 세 가지 기본적인 욕구는 누구에게나 있다. 모든 동물들은 동일한 법칙을 따라 움직인다. 새로운 탄생만이 이 세 가지 욕구 너머에 있는 삶의 목적과 가치를 제시할 수 있다. 바울은 자기보존(고후 11,12장)이나 자기만족(빌 4:11), 자기번식(고전 9:5)과 전혀 상관없는 충동과 동기에 의해 이끌렸으며, 주 예수님도 결코 이것들에 영향을 받지 않으셨다. 이것이야 말로 거듭났고 성령충만한 그리스도인과 구원받지 못한 목사, 육신적인 목사와의 진정한 차이점이다. [다음 주에 이것을 설교한 뒤 얼마나 많은 친구들이 여러분을 떠나는지 보라!]

더욱이 마귀의 능력과 정사들은 구원받지 못한 군중들을 조정하고 움직여서 그들로 성경을 공격하고, 모방하고, 비웃고, 인용하고, 무의식중에 성취시키게 한다. 잡지, 신문, 드라마, 영화, 에세이, 소설을 포함하여 모든 문학은 "불순종의 자녀들" 안에서 역사하는 "공중 권세의 통치자"를 드러내주며, 그들의 생각과 글, 그림 등 모든 것들로 성경에 계시된 하나님의 뜻을 대적하도록 인도한다. [더 자세한 설명은 창세기 3장의 주석을 참조하라.]

『**다른 자들과 마찬가지로 본래 진노의 자녀였느니라**』(3절). 제미에슨, 포셋, 브라운은 본문에 대해 뛰어난 주석을 달아 놓았다. 그들은 동일한 생각을 지녔다. 심지어 율법에 관해서는 흠이 없다고 말한(빌 3:4-6) 바울도 다이아나 여신을 숭배하는 의식의 일부분으로 음행과 동성연애를 했던 에베소의 이방인 "개들"과 자신을 함께 분류하고 있다. 첫 번째 육신적 탄생은 땅에 속한 형상(고전 15:47)을 입은 아담적 탄생이다. 인간의 "성품"은 지옥의 불 위에 놓였고(약 3:6), 결과적으로 자연인은 하나님의 영의 일들을 받아들이지 아니한다(고전 2:14).

방울뱀이 수학의 삼각함수를 이해할 수 없듯이, 마틴 루터 킹도 다니엘의 칠십 째 주(단 9장)를 이해하지 못한다. 아무리 뛰어난 동물이라도 가장 뒤떨어진 인간과의 간격을 뛰어넘을 수 없듯이 어떤 뛰어난 인간도 가장 저급한 신(고후 4:4)과의 간격을 뛰어넘을 수 없다. 여러분이 하나님의 영의 일들을 이해하려면 반드시 성령으로 거듭나야만 하며(요 3:5), 그 전까지는 여러분은 "본래" 진노의 자녀이다(요 3:36). [NEB가 요한복음 3:36, 에베소서 2:3, 마태복음 3:7, 로마서 1:18; 2:5; 4:15, 골로새서 3:6에서 "진노"를 삭제한 것은 아무런 가치도 없다. 알다시피 영국에서 가장 실력 있다는 성경학자인 C.H. 도드(Dodd)은 나약한 졸장부였다. 그는 "지옥", "저주"와 같은 말들을 견디지 못하여 "하데스"(Hades), "보응"(retribution)으로 변개시켰다. 이번에는(엡 2:3) 단지 "무서운 심판"(dreadful judgment) 정도로 만들어 버렸다.]

3절은 "사람의 고상한 성품"이나 "사람은 하나님의 형상으로 되어 있다", "우리 각자 안에는 신성의 불꽃이 남아있다"는 표현들을 완전히 없애 버린다. 사람은 아담의 형상으로 되어있으며(창 5:2,3), 그의 성품은 하나님께 순종하길 거역하고(롬 8:3-6), 그의 "신성의 불꽃"은 지옥의 불로부터 타오른 것으로(잠 15:11), 그의 역사가 이를 입증한다. <벌거벗은 자와 죽은 자>(노만 메일러)는 수 세기를 통해 보통 사람의 보통 생활에 대해 처칠, 라토레, 뉴만, 플리니, 요세푸스, 플루타크, 유세비우스, 돌링거, 다윈, 팔레이, 헉슬리, 스팽글러, 깁본, 버나드 쇼가 쓴 작품보다 훨씬 사실적으로 묘사하고 있다.

『**그러나 자비가 풍성하신** 하나님**께서 우리를 사랑하신**』(4절). 대부분의 칼빈주의자는 하나님께서 세상을 사랑하셨다는 것(요 3:16)과 하나님의 자비가 그분의 모든 작품들과 모든 피조물에 미친다는 사실(마 9:13, 롬 11:31,32)을 잊고 있다. 대신 그들은 모세의 율법 이전의 구약 사건을 다루는 로마서 9:16,18을 맹목적으로 사랑한다. 윌리엄스는 칼빈주의적 입장을 잘 설명하였다(주석서, p.921). 하나님은 "모든 것을 행하신다." 여러분은 그리스도를 영접할 필요가 없으며, 회개하거나 믿을 필요도 없다. [어떤 벌링거주의자는 "당신이 만일 그리스도를 영접한다면 그것은 행위이다. 당신은 오직 믿음으로 구원받을 수 있으며, 영접하는

것은 당신 편에서 하는 행위이다."라고 말했다.]

칼빈은 에베소서 2:4을 에베소서 1:12,13로부터 떼어내어 하나님께서는 선택된 자들을 살리실 정도로 그들을 사랑하셨고, 버림받은 자들을 살리실 정도로는 사랑하지 않으셨다는 이상한 논리를 세웠다. 이것은 명백히 저항할 수 없는 은혜와 제한된 속죄(엡 1:4,5 주석 참조)로 연결된다. 그러나 성경은 분명히 하나님께서는 사람들이 복음을 듣고 예수 그리스도를 그들의 구주로 영접할 때까지 아무도 살리지 않으셨다고 말한다(엡 1:12,13 주석 참조). "믿는 것"을 없애 버리고, 믿는 것을 "살리는 것"과 분리하는 것은 그가 요한복음 1:13을 1:12과 분리시켜 버린 것과 똑같은 속임수에 불과하다. 요한복음을 주목해 본다면 요한복음 1:12이 새로운 탄생(요 1:13)에 선행하는 것을 볼 수 있으며, 13절의 "사람의 뜻"이 죽은 죄인이 그리스도를 영접하는 것을 부인한다는 것이라고 주장하는 자들은 거의 제정신이 아니다. 사람의 의지는 기꺼이 영접하고자 하는 마음으로 그리스도를 영접하는 것이고, 하나님의 의지는 새로운 탄생으로 그 사람을 살리는 것이다. [벌링거처럼 칼빈도 진리의 말씀을 잘못 나누는 데 전문가이다.]

『**그러나**... 하나님**께서**』(4절). 역접 접속사인 "그러나"를 사용하신 하나님께 감사를 드리자!(창 6:8, 고전 2:10, 롬 5:7,8 등 참조)

『**우리를 사랑하신**』(4절). 이것은 신비이다. 이 신비는 몸의 신비, 불법의 신비(살후 2:3-6), 동정녀 탄생의 신비(딤전 3:16), 이스라엘의 신비(롬 11:25), 휴거의 신비(고전 15:51)를 능가한다. 어떻게 전능하신 창조주께서 우주의 끝에 있는 태양보다 300배나 작은 별에 있는 작은 먼지와

도 같은 우리를 사랑하시는가?(시 8:4)

어떻게 시작도 없고 끝도 없으신 영적인 존재가 "벌레"(시 22:6)라고 불리기에 적합한 피조물에게 그분의 속성이신 사랑을 나타내셨는가? 여러분은 벌레를 위해 죽은 사람을 본 적이 있는가?

『**그의 큰 사랑으로**』(4절). 블레이키(강단의 주석), 제미에슨, 포셋, 브라운, 마틴 박사(위클리프 주석), 더멜로우는 많은 구절들을 비켜나간다. 그러나 성령께서 말씀하신 이 위대하고 "큰 사랑"을 경험해 본 자라면 어떻게 아무 설명도 없이 넘어갈 수 있겠는가? 단 한 권의 찬송가에도 이 "큰 사랑"에 대해 490여 개의 노래가 담겨 있다. 490여 개의 노래가 한 분만을 찬양한다니 놀랍지 않은가! 레닌, 마르크스, 스탈린, 트로츠키, 호치민, 모택동, 김일성을 위한 찬양이 100개 아니 50개라도 되는가? 역사상 누가 그런 사람이 있었는가?

윌리엄 카우퍼는 "큰 사랑"에 압도되어 "샘물과 같은 보혈은"(<영광을 주께>, 174장)이라는 제목의 찬송시를 썼다. 캐서린 행키는 하나님께서 자신을 구원하신 그 놀라운 이야기를 늘 간증하길 원한다는 마음을 "예수의 큰 사랑"(80장)라는 찬송시로 표현하였다. 로빈슨도 이 "큰 사랑"에 붙잡혀서 "복의 근원 내게 오사"(376장)를 지었다. 그 외에도 오스카 클루트의 "하나님 사랑은"(459장), 존 뉴턴의 "나 같은 죄인 살리신"(398장), 찰스 웨슬리의 "만 입이 내게 있으면"(55장), "폭풍 몰아 칠 때와"(416장), 레만의 "그 크신 하나님의 사랑"(86장) 등 주옥같은 찬송시들이 하나님께서 우리를 사랑하신 그의 "큰 사랑"을 찬양하고 있다.

바울이 언급한 "큰 사랑"을 찬양하는 수만 명의 사람들이 미치지 않았다면 분명히 누군가 우리에게 그 큰 사랑을 나눠주었다는 것이다. 바울은 본문에서 하나님의 "큰 사랑"을 이야기 한다. 여러분은 이것에 대해 얼마나 알고 있는가? "오 얼마나 놀라운 사랑인가!", "주 예수님 크신 사랑"(69장), "주 음성 외에는"(356장), "내 구주 예수를 더욱 사랑"(428장), "예수 사랑하심은"(83장). 알다시피 이것은 양면이 있는 일이 아니다. "하나님께서는 모든 사람을 사랑하십니다. 만일 우리가 착한 사람들이면 하늘로 갈 것이고, 우리가 만일 나쁜 사람들이라면 잠시 후에 연옥으로 갈 것이다."라는 말에 속지 말라. 진리는 다음과 같다.

1. 그리스도께서는 "불경건한 자들"을 위해 죽으셨다(롬 5:6).
2. 그리스도께서는 "연약한 자들"을 위해 죽으셨다(롬 5:6).
3. 그리스도께서는 죄인들을 찾으러 오셨다(눅 19:10).
4. 그리스도께서는 죄인들을 구원하려고 오셨다(눅 15장).
5. 그리스도께서는 허물 있는 자들을 위해 죽으셨다(사 53:3-8).
6. 그리스도께서는 살인자들과 하나님을 모독하는 자들을 위해 죽으셨다(딤전 1:15).
7. 그리스도께서는 그의 원수들을 위해 죽으셨다(롬 5:10).

여러분을 이보다 더 사랑하신 또 다른 분을 아는가?

『**우리를 그리스도와 함께 살리셨으니**』(5절). 우리를 살리신 것에 대해서는 이미 2:1에서 설명한 바 있다.

우리의 영적인 부활은 과거이며, 우리의 육체적 부활은 미래이다. 바울 당시 "첫 번째 부활"(계 20:5)은 이미 과거에 일어났다고 가르쳤던 무천년, 후천년주의자들은 그들의 육체를 사탄에게 내어 주었다(딤후 2;17,18,

딤전 1:20). 부활을 영적인 것으로 만드는 것은 19세기 동안 성경적 진리를 반대해 온 대단한 "신학 놀이"이다. 이 거짓말은 오리겐(A.D. 184-254)부터 시작하여 지금에까지 이르고 있으며, 부활절을 전후로 하여 신문의 교회면을 보면 늘 그런 식의 기사나 설교가 실려 있다. 또다시 <킹제임스성경>은 웨스트의 <헬라어 신약>에서 혼란스럽게 제시한 진리를 명확하게 보여 주고 있다.

1. 그리스도의 두 가지 탄생(물과 성령 - 육체적, 영적 탄생)은 동시에 이루어졌지만, 우리는 그렇지 않았다.

2. 그리스도의 두 가지 부활(육체적, 영적 부활)은 동시에 이루어졌지만, 우리의 부활은 그렇지 않다.

평범하게 영어나 국어를 사용하는 사람들이 간단히 발견할 수 있는 이 진리들을 왜 인정받는 일류 학자들인 엘리콧, 트렌치, 알포드, 라잇풋, 해리슨, 헉스터블, 살몬드, 블레이키, 메이어, 워즈워드, 웨스트코트, 홀트, 클라크, 레인지, 윌리엄스 등은 헬라어에서 헤매다가 발견하지 못하는 것일까?

그리스도께서는 인자(마 19:28)와 하나님의 아들(롬 1:3,4)로 오셨듯이 물(요 3:5, 요일 5:5-7)과 피(행 20:28)로 오셨다. 그분은 그리스도인들과 마찬가지로 두 성품을 지니셨으며, 이 두 가지 성품은 모두 태어날 때부터 가지고 오셨다. 여러분은 반드시 거듭나야 한다. 그러므로 성령님께서 그리스도를 살리시고(고전 15:23), 죽은 자들로부터 일으키실 때(롬 8:11), 여러분이 미래에 받을 영화로운 살과 뼈(눅 24:39)를 받으셨다. 여러분이 영적으로 다시 태어났을 때 여러분을 "그리스도와 함께 살리셨으니"(5절), 여러분은 그 순간에 영적으로 그분이 계신 셋째 하늘로 옮겨졌다(엡 2:6).

『**또 함께 일으키사** 그리스도 예수 **안에서 천상에 함께 앉히셨으니**』(6절). 더 쉬운 말로 여러분은 그리스도와 함께 살아났을 때 아직 여러분의 부활할 몸을 받지 못했다. 요한계시록 20:1-4의 문자적인 부활을 영적으로 만드는 것은 마귀처럼 성경을 다루는 것이다. "첫 번째 부활"(계 20:5)은 분명히 육체적인 몸들의 육체적인 부활에 대한 언급이며, 이것은 에베소서 2장과는 전혀 상관이 없다.

"너희가 은혜로 구원을 받은 것이니라."는 말은 하나님께서 어떤 사람도 살리셔야 할 의무가 없음을 보여 주시기 위해 성령께서 의도적으로 삽입한 것이다. 아브라함도 거듭나지 않았으며, 모세, 요셉, 다윗, 요시야, 히스키야, 이삭, 야곱 그 누구도 거듭나지 못하였다. 노아는 비록 오늘날의 성도들처럼 믿음을 통해(히 11:7) 은혜로(창 6:8) 구원받았지만, 그는 "살려 주는 영"(고전 15:45)에 대해서는 알지 못했다.

『**이는** 그리스도 예수를 **통하여 하나님께서 우리를 향한 그의 인자하심 가운데 그의 은혜의 지극히 풍요함을... 보여 주시려 함이니라**』(7절). 칼빈과 그의 동료들은 본문을 다음과 같이 읽는다. "영원 안에서 하나님께서는 우리가 다른 것이 아닌 그분의 임의적인 즐거움이라는 기초 위에 변덕스러운 행동에 의해 택함받은 것이 얼마나 운이 좋은가를 보여 주신다. 하나님은 그의 '은혜'가 아닌 그의 주권과 능력을 보여 주시기 위해(롬 9:21-24) 어떤 자들을 택하시고 나머지는 저주하셨다." [이것은 하나도 과장된 설명이 아니며, 그들이 아무리 이 설명에 대해 불평할지라도 핑크, 쉘톤, 질핀의 글들을 읽어 본 사람이라면 부인하지 못할 사실이다.]

모든 은혜와 모든 인자하심이 "그리스도 예수"를 통하여 온다는 사실을 주목하라(엡 1:4,5,10 참조). 우리는 다시 아무도 건널 수 없는 장애물로 돌아왔다. 비록 하나님께서는 어떤 죄인이든 구원받을 수 있는 충분한 믿음을 주시지만(롬 10:4-8), 이 믿음은 아무도 받을만한 자격이 없으므로 하나님의 은혜로만 받을 수 있다(엡 2:8). 어떤 죄인도 그가 자신의 구주로 주 예수 그리스도를 기꺼이 영접하기까지는(요 1:12) 그 안에서 택함받거나(엡 1:4), 그의 은혜의 지극히 위대하심을 배우거나(엡 2:5,7), 은혜로 구원받을 수 없다(엡 2:5). 믿음 자체만으로는 아무것도 할 수 없다(행 8:13). 침례(유다 이스카리옷, 마 10:4)나 기적의 사역(마 10:8), 회개와 고백(마 27:3), 근본주의를 믿는 행동(막 1:24)도 아무것도 하지 못한다(약 2:19). 반드시 마음으로부터 진리를 받아들여야 하며(롬 10:9,10), 하나님께서 준비하신 것을 붙잡아야 한다(롬 6:17).

하나님께서는 그의 아들을 부인하는 그 누구도 살리지 않으신다. ["살린다."는 말의 의미는 베드로전서 3:18에 잘 설명되어 있다.]

자, 유명하고 인정받는 학자들이 본문을 어떻게 해석하는지 잠시 살펴보자. 그들은 "은혜로 구원을 받은 것이니라"(saved by grace, 5절)는 말을 단순히 "구원받은 상태"(saved state - 제미에슨, 포셋, 브라운; state of salvation - 케네스 웨스트)로 바꾸거나, "죄들 가운데서 죽었던"(dead in sins, 5절)을 "허물들을 통해 죽었던"(RV, ASV, RSV)으로 바꾸었다. 그들은 6절의 실제적인 장소를 언급하는 "천상"(heavenly places)도 1:3이나 1:20처럼 변개시켰고(<현대인을 위한 기쁜 소식>, <확대역본>, <위클리프 주석>, NEB), 7절의 "오는 시대들"(the ages to come)도 "다음 세상"(in the next world - 할레스, 올샤우젠, 드웻, 메이어)이나 "이 세상"(in this world - 알포드, 엘리콧)으로 변개시켰다.

만일 여러분이 이 학자들이 하나님의 말씀을 변개시킬 정도로 위대하다고 한다면 여러분은 이러한 변개들로 인해 다음과 같은 이상한 믿음을 수용하게 될 것이다.

1. 당신은 지금 "구원받은 상태"에 있으나 이 상태로부터 떨어져 나갈 수도 있다. [상태(state)란 말은 신분(요일 4:17)과는 다른 말이며, 그 의미가 같다고 생각한다면 그는 저능아임에 틀림없다(민 23:21 참조).]

2. 이 "상태"에서 당신은 "이 세상"에서 확산되어지는 천국을 다스리는 보좌에 앉은 왕이다. 그리고 당신은 곧 NEA(전미교육협회), CIA, UN 등의 도움으로 더 나은 "내일의 세상"으로 인도될 것이다.

만일 여러분이 순진하여 어떤 학자가 하나님의 말씀인 <킹제임스성경>의 단어를 하나 정도는 고칠 수 있을 것이라는 데에 속는다면, 그들은 결과적으로 당신을 오류로 인도할 것이며 진리를 전부 거부할 때까지 당신을 계속 오도할 것이다. 1880년 이후의 보수주의 학자들과 주석가들에 의해 본문에서 세 가지 근본적인 성경 교리가 변개되었다. 그러나 <킹제임스성경>은 단호하게 비평가들의 엉터리 이론들을 그들이 얼마나 공부하고 얼마나 뛰어난 학자든 상관없이 비평하고, 분석하고, 설명하며, 바로잡아 준다(9번 현상).

2:8 **너희가 믿음으로 말미암아 은혜로 구원을 받았으니 이것은 너희에게서 난 것이 아니요**, 하나님**의 선물이라**.
9 **행위에서 난 것이 아니니 아무도 자랑하지 못하게 하려 하심이**

라.

10 **우리는 그분의 작품이니** 그리스도 예수 **안에서 선한 일들을 위**
하여 창조되었느니라. 이 일들은 하나님**께서 미리 정하시어 우**
리로 그것들 가운데서 행하게 하려 하신 것이라.

11 **그러므로 너희는 손으로 육체에 행한 할례자라 불린 자들에**
의하여 과거에는 육체로 무할례자라고 불린 이방인들이었음을
기억하라.

12 **그 때에 너희는** 그리스도**로부터 분리되어 있었고 이스라엘 나**
라에 속하지 않는 타국인이요, 약속의 언약들로부터는 생소한
사람이었으며 소망도 없고 세상에서 하나님**도 없었느니라.**

13 **그러나 한때 멀리 있었던 너희가 이제** 그리스도 예수 **안에서** 그
리스도**의 피로 가까워졌느니라.**

8절은 성경에서 죄인이 어떻게 구원받는지를 가르치는 가장 친숙한 구절이다. 사도행전 2:38, 마태복음 24:13, 야고보서 2:26, 로마서 8:24은 본문의 조명 아래서 이해되어져야 한다. 왜냐하면 본문은 신약의 구원을 경험한 신약 이방인 성도를 직접적으로 겨냥한 구절이기 때문이다.

『**너희가 믿음으로 말미암아 은혜로 구원을 받았으니 이것은 너희에게서 난 것이 아니요**, 하나님**의 선물이라**』(8절). 모든 것이 분명하고 충분히 이해할 수 있는 내용이다. 본문에는 아무런 복잡한 것도 없고, 심오하거나 어려워서 본문을 설명하기 위해 사도행전 2:38, 마태복음 24:13, 야고보서 2:26, 로마서 8:24로 달려갈 필요도 없다. 거듭나지 못

한 성경 교사들은 분명한 구절(본문)을 부인하기 위해 즉시 어렵고 난해한 구절로 달려간다. 거듭나지 못한 자들은 항상 행위가 강조되는 구절들에 친근감을 느낀다(계 12:7 주석 참조, <피터 럭크만의 주석서 요한계시록>, 말씀보존학회).

그러나 본문에는 은혜가 나온다. 그리고 다음과 같이 말하고 있다.

『행위에서 난 것이 아니니 아무도 자랑하지 못하게 하려 하심이라』(9절). 바울 서신에서 분명한 것이 하나 있다면 바로 이것이다. 은혜는 행위가 아니며(롬 11:6), 행위는 은혜가 아니다(롬 11:6). 하나님께서는 "그것을 행하는" 자를 의롭다 하지 않으시는데(롬 4:5), 이는 행위로는 누구도 의롭다 하심을 받지 못하기 때문이다(갈 3:11). 구원은 단순히 선물(엡 2:8)이 아니라 거저 주시는 값없는 선물(롬 5:15,16)이다. 이 "말로 표현할 수 없는 선물"(고후 9:15)은 사거나 빌리거나 훔칠 수 없다(요 10:1-5). 그것은 성령께서 주시는(행 8:20) "의의 선물"(롬 5:17)이며, 오직 예수 그리스도를 영접한다는 의미에서 그분을 믿는 사람에게만(요 1:12) 이 선물을 주신다. 여러분이 그리스도를 받아들이지 않는다면 결코 선물을 얻을 수 없다(벧전 4:10).

믿기만 하고 영접하지 않는 사람은 사탄과 유사하다(약 2:19).

『이것은 너희에게서 난 것이 아니요』(8절). 심지어 죄인이 그리스도를 영접하는 믿음도 은혜로 주시는 값없는 선물이며, 하나님의 말씀에 의해 온다(롬 10:4-8,17). 구원받은 죄인과 구원받지 못한 죄인의 유일한 차이점은 그 의지에 달려 있다. 두 사람이 있었는데 둘 다 죄의 깨달음이 있고, 하나님께서 둘 다에게 믿을 수 있는 믿음과 선물을 받아들일 은혜를 주셨으나, 하나는 받아들였고(행 14:22), 다른 하나는 거절하였다(행 13:45).

<확대역본>이 본문을 왜곡시켜 극단적 칼빈주의의 강조점을 없애려고 노력하는 동안, 윌리엄스는 반대로 나아가 하나님께서 "죄인"을 뽑아 그를 새로운 피조물의 대상으로 삼았다고 말한다. 이것은 물론 아무 의미도 없는 말이다. 주님께서 바울의 경우 그렇게 하셨으나, 바울이 회심하기 전에 하나님께 어떤 "도덕적인 행동"도 하지 않았다는 것은 터무니없는 소리이다(윌리엄스 주석, p.922). 바울은 13살 이전에 이미 웬만한 주석가들이 30살 이상까지 하나님께 대해 도덕적인 행동들을 한 것보다 더 많이 행하였다. [<확대역본>이 본문에 율법을 넣은 것은 뒤따라 나오는 "행위에서 난 것이 아니니"라는 말과 전혀 관계가 없다. 본문의 대상은 단순히 율법에만 한정된 것이 아니라, 모든 종류의 행위를 가리킨다.]

[갈라디아서 3:11의 믿음과 비교해 보라.]

우리는 그리스도와 함께 천상에 앉혀졌고, 그리스도께서는 우리 안에서 지상에 계신다(골 1:27). 우리는 저 위에서도 자랑할 수 없고, 여기 아래에서도 자랑할 수 없다. 어떤 캠벨주의자도 하늘에서 그의 입을 열어 그가 "회개하고 침례받은 것"을 말할 수 없을 것이다. 어떤 여호와의 증인도 감히 그가 마태복음 24장의 위임을 순종했다고 말하지 못할 것이다. 어떤 카톨릭 신자도 하나님의 얼굴 앞에서 "성사"와 "고해성사"를 언급하지 못할 것이다. 어떤 불교 신자나 힌두교 신자도 니르바나(열반)와 사마디(삼매)에 도달했다고 떠들지 못할 것이다. 어떤 제칠일안식교 신자도 열 계명 중 한 가지 계명만을 지켰다고 말하지 못할 것이다. 이 세대에서는 처음부터 끝까지 은혜로 구원받고 의롭게 된다. 그러나 그들은 처음부터 여러분들을 속여 "선한 삶을 사는 것," "계명들을 지키는 것," "이웃에게 선을 행하는 것"이 구원받는 방법이라고 속이며, 성경은 그것에 대해 단호하고 분명하게 반대표를 던진다.

『우리는 그분의 작품이니... 선한 일들을 위하여...우리로 그것들 가운데서 행하게 하려 하신 것이라』(10절). 다시 칼빈과 그의 동료들이 본문을 다음과 같이 잘못 해석한다. "우리가 구원받기 전에 하나님께서 그분의 일을 하셨기에, 우리의 의지나 지식이 없이도 완성하셨다. 이제 우리가 그것에 대해 발견했을 때 놀라운 일이 아니겠는가!"

그러나 이것은 단지 벌링거와 스탬이 그들의 신학을 성경에 집어넣어 읽은 것뿐이다. 본문은 우리가 예수 그리스도를 영접한 이후에 하나님께서 우리에게 하신 일을 분명하게 설명하고 있다. "그리스도 예수 안에서"(엡 1:4 주석 참조) 창조되었다는 말을 주목하라.

어떤 구원받지 못한 자도 그리스도 예수 안에서 창조되지 않았다. "누구든지 그리스도 안에 있으면 새로운 피조물이라"(고후 5:17)고 했기 때문에, "그리스도 예수" 밖에는 "새로운 피조물"이나 "새로운 창조"가 없다. 칼빈의 해석은 앞뒤가 뒤바뀐 터무니없는 것이다. 알다시피 "피조물"(creature)을 "창조"(creation)로 바꾸는 것(고후 5:17, 뉴스코필드 관주성경)은 하나님께서 죄인 밖에서 그의 의지의 동의 없이 무엇인가를 창조하셨다는 생각을 집어넣고자 함이다. 이것에 대해 여러분의 마음에 조금이라도 의심이 있다면 더멜로우가 "창조"라는 단어를 사용하여 얼마나 이상한 결론에 도달하는지 살펴보라(주석서, p.962). 더멜로우는 모든 인류가 그리스도 안에서 다시 하나가 되어 새로운 시작을 할 것이라고 말한다. 이것이 칼빈주의의 또 다른 면이다. 만일 행위가 자동적이라면 여러분은 왼쪽으로 치우쳐 만인 구원론을 받아들이거나 오른쪽으로 치우쳐 선택된 소수에게만 적용되는 저항할 수 없는 은혜 둘 중 하나를 받아들여야만 한다. 유일하게 올바른 곧은 길은 <킹제임스성경>이며, 본문은 아주 명확하다. 본문은 구원 이전의 경험과는 아무런 상관이 없다. 본문의 대상은 이미 5절에서 구원받았다. 1880년 이후의 변개된 새로운 역본들은 모두 5절의 구원을 현재완료형("구원을 받았던," has been saved, have been saved)으로 변개시켜 놓고서도 본문을 올바로 적용하지 못하고 있다. 왜 그들이 5절을 본문에 적용하지 못하는지 놀라울 뿐이다(8번 현상).

하나님께서는 사람이 그리스도 안에서 새로운 피조물일 때, 그를 선한 일들 가운데서 행하게 하시려고 정하셨다(딛 2:14). 새로운 피조물은 구원을 받기 위해서 행하거나, 구원을 유지하기 위해 일하는 것이 아니라 구원받았기 때문에 일한다. 구원이 행위(works)로 이뤄졌다는 말이 옳다고 한다면, 그것은 구원이 하나님의 역사(work)로 이뤄졌고 나는 구원받았기 때문에 일한다(work)는 의미에서만 옳다. 나의 일들은 내 위에 역사하시고(구원받기 이전, 요 16:8), 내 안에 역사하시는(구원받은 이후, 빌 2:13) 성령님께로부터 온 것이며, 그분의 일들은 완전한 속죄를 나에게 값없이 주시는 것과 관련이 있다.

웨스트를 제외한 모든 학자들이 8절의 "은혜" 앞에 있는 관사를 삭제해 버렸다(6번 현상).

선한 일들은 그리스도 안에 있을 자들을 위해 주님에 의해 미리 준비된 것이며("이 일들은 하나님께서 미리 정하시어"), 이 "선한 일들"은 에베소서 후반부(4-6장)에 분명하게 나타나 있다. 본문에서 <확대역본>은 갑자기 칼빈주의적 입장으로 되돌아가 우리의 자유를 제거해 버리고 하나님께서 우리가 살아야 할 "삶"을 예정하셨다고 주장한다. 정확한 설명은 <킹제임스성경> 본문에 나타나 있다. "그것들 가운데서 행하게 하려 하신 것이라." 오직 칼빈만이 그의 의지와 반대로 세상의 기초를 놓으시기 이전에 정하신 길을 따라 강제로 행할 것이다. 베드로, 야고보, 바울, 요한도 그보다는 더 자유함이 있었다. 이 "정하심"이 어떻게 바울을 묶어 둘 수 없었는지 고린도전서 9:14,15을 주목하라.

『**육체에 행한 할례자... 육체로 무할례자라고 불린 이방인들**』(11절). 다시 성령께서 유대인, 이방인, 교회의 차이점을 지적하고 계신다. "육체로"(in the flash)라는 말은 로마서 7:14, 고린도후서 10:3, 갈라디아서 5:16에서 사용된 것과 같다. "옛 성품"은 문제의 핵심이 아니다. 바울은 지상에서 지리적으로 행하는 몸에 대해 말하고 있다. [헬라 영지주의자들은 90% 이상 크게 잘못되었으나, 그들이 악이 상존하고 있는 사람의 몸을 다룰 때는 유일하게 우주에서 가장 위대한 진리를 올바르게 진술한 셈이다. 세상 모든 사람들의 몸은 썩고 분해되어 벌레가 파먹는다. 더욱이 성경은 이 육체가 저주 아래 있고 죽을 것이라고 말한다.]

『그리스도로부터 **분리되어 있었고... 나라에 속하지 않는 타국인... 언약들로부터는 생소한 사람... 소망도 없고 세상에서** 하나님도 **없었느니라**』(12절). 이것이 바로 칼빈과 벌콥이 그렇게도 많이 말했던 "선택된 자"이다. 아마도 그들은 "세상의 기초 이전에 그리스도 안에" 있었다가 조금씩 좀 먹어서 그렇게 되었다고 밖에 설명할 수 없을 것이다(엡 1:4, 갈 1:15,16 주석 참조).

"선택된 자"도 소망도 없고, 하나님도 없고, 약속도 없고, 변명도 없으며(롬 1:20), 힘도 없이 연약했다(롬 5:6). 그러므로 그들은 성령에 의해 인치심을 받을 때까지는 결코 그리스도 "안에" 있지 않았다. 이것은 그들이 그리스도를 믿기 전까지는 결코 일어나지 않았는데(엡 1:4,5), 이는 그때까지 하나님께서 그들을 전혀 알지 못했기 때문이다(갈 4:9).

하나님의 미리 아심은 현재와 영원의 무한한 가능성의 조합으로 일어날 수 있는 모든 다양한 가능성들을 보시고, 죄인들이 자발적으로 반응하는 기초 위에서 예수 그리스도를 믿는 죄인들을 "자기 아들의 형상과 일치하게 하시려고"(롬 8:29) 예정하셨다. 어떤 개인의 장점도 고려되지 않으며, 어떤 행위도 개입될 수 없다. 지옥에 속한 이 세상의 모든 죄인들과 "선택된 자"의 유일한 차이점은 "선택된 자"는 예수 그리스도께 표를 던진 반면, 택함받지 못한 자들은 자신들에게, 세상에게, 마귀에게, 또는 이 세 가지 모두에게 표를 던졌다는 것이다. 후보가 되기 전에는 누구도 선출될 수 없듯이, 하나님께서도 그의 아들을 영접하지 않는 그 누구도 선택하지 않으신다.

본문의 "나라"(commonwealth)와 "언약"(covenant)은 이스라엘 민족(롬 11장)과 연관이 있고, 이것은 사도행전 8:14-17에서 발견되는 독특한 과도기를 설명해 준다. 심지어 예수 그리스도의 몸인 교회도 이 결합과 무관하지 않으며(엡 2:20,21), 선지자들(엡 2:20)도 그의 몸인 교회(엡 4:11) 안에 있다. 이것은 벌링거를 비롯한 극단적 세대주의자들을 몹시 당혹스럽게 한다. 그가 자세한 설명을 하고 있는 부록(189번)에서도 본문의 상황에 대해서는 설명하기를 꺼리고 있다. 그러나 분명히 에베소서 4장의 상황은 그리스도의 몸이다.

우리는 개정자들과 주석가들이 본문에 대해 써 놓은 쓸모없는 엉터리 작품에 시간을 허비하지 않을 것이다. 그들은 돈을 버는 목적이 아니라면 책을 찍어내지도 않았을 것이다.

『**그러나 한때 멀리 있었던 너희가 이제** 그리스도 예수 **안에서** 그리스도**의 피로 가까워졌느니라**』(13절). <현대인을 위한 기쁜 소식>은 본문의 "그리스도의 피"를 지금까지 발견된 어떤 헬라어 필사본에서도 발견할 수 없는 "그리스도의 죽음"으로 바꿔 버렸다.

본문의 의미는 명백하다. 바울이 편지를 쓴 구원받은 에베소인들은 이전에 하나님으로부터 멀리 있었으나 이제는 하나님과 가까워졌다는 것이다. 이것은 갈보리 십자가에서 피를 흘리신 예수 그리스도를 통하여 된 것이다. 모든 성경 개정자들은 이 진리를 알고 있으나, 그들 중 단 한 명도 구원받은 죄인은 그리스도의 흘려진 피에 동참하며 어느 세기에 사는 사람이라도 예수 그리스도의 피의 효력을 사용할 수 있다는 히브리서 9:14의 관련 구절을 발견하지 못했다(엡 5:30 주석 참조). 히브리서 9:14은 예수 그리스도의 피가 온 우주를 가득 채웠으며, 그 피가 영원히 유효하시다는 사실을 설명한다. 사실 예수 그리스도의 피는 우주적일 뿐 아니라 영원하다. 역사적인 상황은 단순히 갈보리지만(16절), 갈보리에서 흘린 피는 "깊은 곳"을 통과해 흘러간다. 그 피는 영원한 피이기 때문에(레 17:14, 행 20:28, 요일 5:8), 그 깨끗하게 하는 피를 경험하는 사람들은 예수 그리스도의 피의 완성된 사역을 신뢰하는 순간에 "하나님께 가까이" 다가서게 된다. 성령으로(by, 18절) 우리는 하나님께 나아가며, 현재 성령님은 그 피와 동일시되시며(요일 5:8) 우리는 지금(19세기 전이 아니라) 그리스도의 "피로"(by, 13절) 가까워졌다.

2:14 **그는 우리의 화평이시니 둘을 하나로 만드셨고 우리 사이에 가로막힌 중간의 벽을 허물어뜨리셨으며**
15 **원수된 것, 곧 법령 안에 속한 계명들의 율법까지도 그의 육신 안에서 폐기하셨으니 이는 그 둘을 자기 안에서 한 새 사람으로 창조하사 화평케 하시고**
16 **그가 십자가를 통하여 둘을 한 몸으로 만들어** 하나님**과 화해하도록 함이며 그 십자가로 원수된 것을 죽이려 함이니라.**
17 **또 오셔서 멀리 떨어져 있던 너희와 가까이 있던 그들에게 화평을 전파하셨느니라.**
18 **이는 그를 통하여 우리 둘이 한** 성령으로 아버지**께 나아감이라.**
19 **그러므로 이제부터 너희는 더 이상 나그네도 타국인도 아니요, 오히려 성도들과 같은 시민이며** 하나님**의 가족이니라.**
20 **너희는 사도들과 선지자들의 기초 위에 세워졌으며** 예수 그리스도**께서 친히 귀중한 모퉁잇돌이 되셨고**
21 **그분 안에서 건물 전체가 함께 맞추어져** 주 **안에서 거룩한 성전으로 자라가며**
22 **또한 그분 안에서 너희도** 성령을 **통하여** 하나님**의 거처로 함**

께 지어져 가고 있는 것이니라.

이제 벌링거와 극단적 세대주의자들은 문제에 봉착하였다. 다음에 나오는 것들은 "그리스도의 몸"(엡 1:22,23의 변개를 보라.)인 교회를 위한 기초 토대가 오순절 이전에 완성되었음을 보여 준다. 다음의 사실들은 매우 분명하다.

1. 유대인과 이방인 사이에 "가로막힌 중간의 벽"(14절)은 사도행전에서 허물어지지 않았으며, 마태복음 27장에서 허물어졌다.

2. "한 새 사람"(15절, 4:13-16 참조)은 사도행전 1장 이전에 하나로 만들어졌다(14절). 만일 "새 사람"이 사도행전 1장 이전에 하나로 만들어지지 않았다 하더라도, 갈보리가 사도행전 1장 이전에 "한 새 사람"이 만들어지는 것을 가능케 하였다(15절).

3. 21절의 건물 안에서 (사람들이 몸으로 인식하든 아니든) 에베소의 회심한 자들은 선지자들과 사도들과 함께 포함되었다("복수"임을 유의하라).

4. 더욱이 이 "건물"은 갈보리 이후에야 비로소 세워졌음을 주목하라. "가족"(19절)은 이것과 다른 것이며(엡 3:15 주석 참조), "건물"은 부활 이후에 된 것이다.

이제 성경대로 믿고 가르치는 지역 교회가 사라져가는 마당에 이 사실들은 더욱 절실히 필요하게 되었다. 이 사실들을 주의 깊게 살피지 않는다면 교회가 최소한 사도행전 9장 이후에, 사도행전 28장 이후에 시작되었다고 가르치는 분열을 일삼는 파벌이 그리스도인들 사이에 무성하게 된다. 이 분열의 열매는 늘 교만하고 반역하는 영이다. 그들은 전통적인 그리스도인들의 실행이 영적이지 못하다는 이유로 절대적으로 거부하고, 다른 성경들은 배제한 채 그들이 수용할 수 있는 구절만 붙잡고 늘어진다. [그들 중 한 명이 내게 물침례를 명하는 성경구절이 있냐고 묻길래 야고보서 4:17을 제시하였다. 만일 물침례가 선이 아니라면 그것은 죄다(요일 5:17). 만일 죄를 지었다면 반드시 자백하고 용서를 구해야 된다. 그러나 이상하게도 "영적인 거인"인 체하는 그는 결코 침례를 받았던 죄를 자백하지 않았으며, 그 외 극단적 세대주의자들이 된 나머지도 마찬가지다.]

에베소서 2:12-22이 분명히 의미하는 바는 갈보리가 유대인과 이방인이 구원받고 용서받는 길을 열었으며, 동시에 유대인과 이방인이 "주 안에서"(21절), "성령을 통하여"(22절) 살아 있는 유기체(21절, "건물 전체가... 자라가며")인 영적인 건물의 일부가 되는 길을 열었다는 것이다. 이것은 사도행전 2장에서 예비되었던 것이 실제적으로 실행되었음을 분명히 밝혀 준다.

베이커, 오헤어, 스탬, 벌링거가 제시한 어떤 알리바이도 이 진리들을 바꾸지 못한다. 그들이 고전적으로 설명하던 "오순절과 요엘 2장은 계시된 진리였으나, 사도행전 2장에서는 아직 교회가 계시되지 않았기 때문에 교회는 사도행전 2장에서 시작될 수 없다"라는 말은 어리석은 답변에 불과하다. 하나님께서는 언제나 자신이 원하는 때에 자신이 계시하시기 이전에 어떤 것을 시작하실 수 있다. 그리스도의 몸은 알다시피 마태복음 26:28에서 시작될 수 있었으나, 단지 함께할 사람들을 기다렸을 뿐이다.

본문에는 그리스도의 몸이 사도 바울이 에베소서를 쓰기 오래전에 존재해 왔다는 놀랄 만한 증거가 있다. 그리고 이 증거는 아무도 에베소서 3장을 오도하지 못하도록(엡 3:5,8,9 주석 참조) 에베소서 3장 이전에 성령께서 기록하셨다. 그 증거는 다음과 같다.

바울은 마태복음 27장의 갈보리 십자가에서 주 예수님이 『**원수된 것, 곧 법령 안에 속한 계명들의 율법까지도 그의 육신 안에서 폐기하셨으니**』(15절)라고 말하며, 이 사실은 모든 스탬주의자와 벌링거주의자들이 동의하는 부분이다(골 2:14 참조). 그러나 스탬과 벌링거가 고려하지 못한 사실은 심지어 예루살렘의 장로들과 사도들도 사도행전 15장(최대한 빨리 잡아도 베드로가 깨달았던 사도행전 10장)이 될 때까지는 이 사실을 알지 못했다는 점이다.

극단적 세대주의자들이 교회가 에베소서 3장에서 시작되었다는 것을 입증하기 위해 신학적인 자살 행위를 하기 전에, 그들은 에베소서 2장에서 깊게 한숨을 쉰다. 분명히 주님은 몇 년 동안 계시하지 않은 채 어떤 일들을 행하신다. 에베소서 2:15이 그 절대적인 증거인데, 바울은 그것을 쓸 때 그 사실을 알았다.

구원받은 이방인들은 구원받은 유대인들처럼 하나님과 화해했으며, 이 화해는 예수 그리스도의 희생적인 죽음을 받아들임으로 된 것이다. 칼빈은 이렇게 받아들이는 일을 자동적인 것으로 여겼다. 배교한 성경인 NEB (1961)에서도 본문을 자동적인 행동으로 표현하였다. 그 책(C.H. 도드가 그 위원회의 책임자였다.)은 그리스도의 죽음이 “single new humanity” (하나의 새로운 인류)를 만드셨다고 변개시켰다. 이것은 근본적으로 칼 마르크스의 입장이며, 미국의 건강, 교육, 복지부의 기본 이념과도 잘 어울린다. 또한 친숙한 찬송가인 “하나님의 크신 사랑”(25장)의 원 가사 중에는 “이제 당신의 새 창조를 끝내시고”라는 말이 나오며 이것 역시 같은 의미를 지니는데, 이는 그 찬송가를 만든 찰스 웨슬리가 요한계시록 21:1,2의 “새 창조”가 이 세상의 영적인 사회라고 믿기 때문이다. [더 자세한 내

용은 <하나님의 나라와 천국>(말씀보존학회)을 참조하라.]

그리스도는 "우리의 화평"(14절)이시며, 그분을 통하여 우리는 "하나님과 화평을" 갖는다(롬 5:1). 그러나 변개된 RV, ASV, RSV, <필립스 역본>에서 제시되고 NEB에서 발견되는 "하나님으로 더불어 화평을 누리자"(롬 5:1, 한글개역판)는 표현은 시내 사본, 바티칸 사본, 베자사본에서 발견되는 이단 말시온의 표현이다. "우리의 화평"(14절)은 유대인("가까이 있던 그들," 17절)과 이방인("멀리 떨어져 있던 너희," 17절)을 위한 화평임을 암시한다. 이 인용은 결코 베드로가 다니엘 9:7을 인용한 사도행전 2:39,40과 혼동하면 안 된다. "가로막힌 중간의 벽"(14절)은 이방인의 뜰로부터 유대인의 뜰을 분리시킨 헤롯 성전의 벽을 암시하는 듯하다.

본문에서 묘사된 건물은 "살아 있는 돌들"(벧전 2:2-6)로 이루어진 자라나는 유기체이다. 이것은 "한 몸인 교회"와 너무 분명하게 일치하기 때문에, 벌링거는 이 진리를 피하기 위해 몇 가지 방책을 궁리해 낸다. 첫째, 그는 "사도들과 선지자들"(20절)이 기초의 일부가 아니라, 사도들과 선지자들에 의해 기초가 놓여졌을 뿐이라고 주장한다. 그러나 이것은 그가 이전에 사사로이 해석한 것을 합리화하기 위한 또 하나의 사사로운 해석일 뿐이다. 그러나 이것 역시 "자라가는"(21절) 살아 있는 건물을 제거하지 못하기에 둘째로 "all the building"(건물 전체) 대신 "every building"(모든 건물)로 되어야 한다고 주장한다. [한글개역판도 역시 "건물마다"라고 말하여 건물이 여러 개가 있음을 암시한다.] 그러나 그들의 근거는 이내 바닥이 나고 만다. 앞에서도 말했듯이 아무도 <킹제임스성경> 그대로의 본문이 가르치는 내용 대신에 자신의 사사로운 해석을 주장하지 않는 한 <킹제임스성경>에 변개를 가하지 않는다.

본문의 "건물"은 너무나 분명히 "몸"과 연관되어 있어 벌링거가 빠져나갈 수 없다. 특히 에베소서 3:1에서 사도 바울은 이 "건물"을 위해 감옥에 갇혔음을 말하고 있다. 에베소서 3:1은 "이런 까닭에"라는 말로 시작되고 있다. 그리고 이 말을 서두로 곧바로 "한 몸"의 신비의 계시에 대한 역사가 설명되어진다. 그러므로 벌링거와 스탬이 주장하는 그리스도의 몸이 시작된 시기를 수용하기 위해서는 반드시 다음의 일들을 해야만 한다.

1. 마태복음 27장 끝에서 기회가 주어질 수 있었다는 사실을 무시해야 한다.

2. 그리스도께서 모퉁잇돌이 되신 기초 안에 사도행전 1-15장의 사도들과 선지자들이 있었다는 사실을 무시해야 한다.

3. 에베소서 2장의 본문과 3장으로 연결되는 "이런 까닭에"라는 말을 무시해야 한다.

4. 원래 11명의 사도들이 모두 바울이 회심하기 전에 그리스도 안에, 하나님 안에, 신격 안에 있었다는 사실과 그들 안에 그리스도가, 그리스도 안에 그들이 있었다는 사실(요 17:21-23)을 무시해야 한다.

5. 사도행전 18,19장 이전에, 즉 에베소인들에게 에베소서를 쓰기 7-10년 전에 에베소 성도들이 그리스도 안에, 즉 "한 몸 안에" 있었다는 사실을 무시해야 한다.

이 모든 분명한 성경적 진리들을 무시하는 것은 자신이 이단이라고 외치는 것과 같다. 그들은 그 외에도 사도행전 2장에서 몸이 형성되었다는 사실을 부인하기 위해 수많은 책략들을 만들어 내었다. 그것들 중 대표적인 것들만 소개하면 다음과 같다.

1. 본문의 "사도들"은 바나바, 소스데네, 실라, 디모데와 같은 자들이다(<윌리엄스 주석>, p.830).

2. 교회는 예언의 대상이 아닌 계시의 대상이며, 사도행전 2장에는 예언이 나오기 때문에 사도행전 2장에서 교회가 시작될 수 없다.

3. 바울이 물침례를 받았고 다른 사람들에게 물침례를 베푼 것은(행 18:8) 무지함 때문이었다. 그는 점차 물침례가 "표적"이었고, 유대인의 율법적인 "의식"의 일부였음을 깨닫게 되었다.

4. 열두 명의 사도들(행 1:1-4)은 그리스도의 몸이 아닌 다른 몸 안에 있었다.

5. 만일 베드로, 야고보, 요한(과 구약의 선지자들)이 "한 몸"이 형성된 것을 몰랐다면 그것은 일어날 수 없다.

그러나 위와 같은 모든 말들은 비진리 그 자체이다.

본문에 대한 진리는 사도행전 2장부터 휴거까지 구원받은 모든 사람은 한 몸으로 들어가는 한 침례로 침례받았다는 것이다(엡 4:5 참조). 비록 그 가운데 사도행전 2:38, 8:16, 10:47, 19:4과 같이 전환적인 부분들이 다양하게 있었지만, 그 작용(고전 12:6)은 동일하였다. 서로 다른 성령침례라고 주장하여 그리스도의 몸을 나누는 것(엡 4:5 주석 참조)은 하나 됨을 위한 기도를 에베소서 4:1-5에 기록하신 성령님을 정면으로 반대하는 것이다.

윌리엄스는 21절에서 "all the building"(건물 전체)를 "every building"(모든 건물)이라고 변개시킨 벌링거의 책과 "several"(몇몇)이라고 변개시킨 19세기의 변개된 성경인 RV를 인용함으로 곁길로 빠지고 말았다.

에베소서 3장

3:1 이런 까닭에 나 바울은 너희 이방인들을 위하여 예수 그리스도
의 죄수가 되었으니,
2 과연 너희를 위하여 내게 주신 하나님의 은혜의 경륜을 너희가
들었을진대
3 이것은 그분이 계시로 내게 신비를 알게 하신 것이며 (내가 전
에 간략하게 쓴 것과 같으니
4 너희가 읽을 때 거기서 그리스도의 신비 안에 있는 나의 지식을
이해하게 되리라.)
5 그것이 성령으로 그의 거룩한 사도들과 선지자들에게 지금 계
시된 것처럼 다른 시대들에서는 사람들의 아들들에게 알려지
지 아니하였으니
6 이는 이방인들이 복음을 통하여 그리스도 안에서 공동 상속자가
되고 한 몸이 되며 그의 약속에 동참자가 된다는 것이니라.

7 **이로써 그분의 능력이 효과적으로 역사하신 대로 내게 주신** 하나님**의 은혜의 선물을 따라 내가 이 복음의 일꾼이 되었노라**.

본문은 극단적 세대주의자들이 "진리의 말씀을 올바로 나누지 못한" 대표적인 부분이다. 다른 곳에서도 설명했지만 벌링거의 주요 문제점은 향상된 계시와 시간의 문제를 다룰 때 이성적으로 생각하지 못한다는 점이다. 에델버트 벌링거는 코넬리우스 스탬이나 J.C. 오헤어처럼 하나님께서 어떤 것을 계시하기 전에는 아무것도 하실 수 없다는 생각을 가졌다. 이것은 결코 지나친 비약이 아니라, 문제의 핵심이다. 독자들은 스탬과 벌링거가 다음과 같은 말들을 했음을 명심할 필요가 있다.

1. 교회가 시작되기 전에는 어떤 신비의 계시도 있을 수 없으며, 교회는 바울과 함께 시작되었다(스탬).

2. 교회가 시작되기 전에는 어떤 신비의 계시도 있을 수 없으며, 교회는 사도행전 28장 이후에 시작되었다(벌링거).

『**이런 까닭에**』(1절). "이런 까닭"이라는 말은 극단적 세대주의자들을 아주 당혹스럽게 하는데, 이는 앞에서 설명된 "건물"(엡 2:14-22)을 가리키기 때문이다.

『하나님**의 은혜의 경륜을 너희가 들었을진대**』(2절). 대부분의 벌링거주의자들은 본문을 "내가 구원받았을 때 은혜를 통한 구원으로 특징지어지는 '경륜' 곧 '기간'이 시작되었다."라고 오도한다. 그러나 본문의 "은혜"는 사도 바울이 다른 사람들에게 사역하기 위하여 바울 자신에게 주어졌다(dispensed). 코넬료(행 10:44)는 바울이 아라비아에 칩거하는 동안 은혜로 구원받았으며, 에디오피아 내시(행 8:37)는 바울이 예수님을 만나 말에서 떨어지기 전에 이미 은혜로 구원받았다. 이것으로 충분하지 않다면 베드로가 방언을 말하기 전에 이미 죽어 가던 강도는(ASV와 NASV의 반대에도 불구하고) 은혜로 구원받았다. 기간과 관련해서 "은혜의 경륜"을 따진다면 훨씬 이전으로 거슬러 올라간다. 아담, 아벨, 노아, 아브라함은 모두 율법의 행위와 상관없이 믿음으로 말미암아 은혜로 구원받았으며, 아담은 어떤 행위와도 상관없이(엡 2:9 참조) 구원받았다. 스탬은 "너희를 위하여 내게 주신"이라는 말을 "나를 위하여 주신"으로 바꿔 "나를 위하여 주신 하나님의 은혜의 경륜"으로 읽는다. 그러나 이것은 스탬이 자신의 입맛에 맞추기 위해 성경을 변개시킨 것이다.

그러므로 하나님께서 바울에게 주신 은혜(고후 12:9)는 그로 하여금 "다른 시대들에서는 사람들의 아들들에게 알려지지 아니한"(5절) 신비를 이해하게 하신 것이다.

『**이것은 그분이 계시로**』(3절, 갈 1:2–10 참조). 주님께서는 바울에게 향상된 계시를 주실 것을 약속하셨다(행 22:14, 요 16:12).

『**내게 신비를 알게 하신 것이며**』(3절). 본문은 하나님께서 알게 하셨다는 말이지, 이 신비를 바울과 함께 시작했다는 말은 전혀 아니다. 주님께서는 어떤 것들을 계시로 그에게 알리셨고, 본문을 쓰기 전에도 그는 그것에 대해 말한 적이 있다("내가 전에 간략하게 쓴 것과 같으니"). 전에 간략하게 쓴 것에 대해서는 학자들마다 견해가 다양한데, 벌링거에 의

하면 로마서 16:25이며, 윌리엄스에 의하면 에베소서 1:3-10이다. 제미에슨, 포셋, 브라운은(그리고 <위클리프 주석>도) 에베소서 1:9,10이라 주장하고, 더멜로우는 에베소서 1,2장 전체라고 설명한다.

그러나 학자들이 제시한 구절들보다 갈라디아서 2:2이 더욱 적합하며, 고린도전서 12장이 훨씬 낫다. 바울이 "내가 전에 간략하게 쓴 것과 같으니"라고 말했을 때 결코 에베소서 자체에 관해 한 말이 아니다. 바울은 사도행전 15,16장 훨씬 이전에 "몸"에 관해서 말했던 적이 있다(갈 2:1-3 주석 참조).

알다시피 신비는 그의 몸인 교회가 시작될 것이라는 내용이 아니며, 그 내용은 6절에 잘 정의되어 있다. 『**이는 이방인들이 복음을 통하여 그리스도 안에서 공동 상속자가 되고 한 몸이 되며 그의 약속에 동참자가 된다는 것이니라**』(6절).

바울은 그가 펜을 들 때마다 매번 유대인과 이방인이 그리스도 안에서 "한 몸"을 이룬다는 사실을 알고 있었다. 바울은 그 사실을 에베소서 외에도 로마서 16:25에서도 말했으며, 로마서 2,3장에도 말했고, 고린도전서 12장에서도 분명하게 언급했으며, 갈라디아서 2장에서도 말했고, 로마서 12:4, 골로새서 1장과 3장에서도 말한 적이 있다. 그러므로 바울이 에베소서를 쓸 때까지 신비를 알지 못했기에 그 때까지 아직 "몸"이 시작되지 않았다고 마음대로 주장하는 자들은 그냥 그들의 무지 가운데 내버려둘 수밖에 없다. 더욱이 "몸의 신비"를 알고 있는 바울은 구약으로 되돌아가 천년왕국의 약속들(심지어는 유대인에게 약속된 대환란까지)을 그리스도의 몸 안에 있는 구원받은 이방인들에게 적용시키기도 한다(갈 4:27 주석 참조). [이 때문에 존 R. 라이스는 "교회"가 아담과 함께 시작되었다고 믿게 되었다. 그러나 벌링거는 그와 반대로 극단으로 치우쳐 로마서 15장에서 바울이 다룬 인용구절 때문에 로마서 전체를 없애고자 했다. 벌링거가 로마서 16:25과 피할 수 없이 마주쳤을 때, 그는 그것이 에베소서가 쓰여질 때 더해진 것이라고 경솔하게 대답한다(<컴패니언 성경>, p.1694). 성경은 말하고자 하는 그대로를 의미하며, 의미하고자 하는 그대로를 말한다는 사실을 믿지 않는 자들은 매우 당혹스러워할 것이다.]

벌링거는 진리에 의해 깊이 혼란스러워했음이 분명하다. 그는 그의 책 <어떻게 성경을 즐길 것인가, How To Enjoy The Bible> 42페이지에서 "하나님께서 구약으로부터 교회를 조심스럽게 지키셨다."라고 말하지만, 주님께서는 벌링거처럼 조심스럽지 않으시다. 이브는 "신비"가 계시되었다고 말하는 바로 그 책에서 바울에 의해 교회의 모형으로 제시된다(엡 5:31 주석 참조). 더욱이 성경에서 가장 위대한 그리스도의 모형인 요셉(창세기 주석 참조)도 모세와 다윗이 그랬던 것처럼 이방인 신부와 혼인한다. 벌링거의 "유대인 신부"(사도행전 1-28장과 대환란)는 흑인이었다(솔 1:6).

벌링거와 스탬은 몇 가지 덫(그리고 수백 개의 구절들)에 걸려 넘어졌다. 중요한 것은 주님께서 사도행전 7장까지는 대환란이나 교회 시대로 갈 수 있도록 설정하셨다는 것이다. 만일 요엘, 다니엘, 이사야, 호세아, 스파냐의 예언들이 사도행전 1-7장 사이에 성취되었다면, 주님께서는 아무에게도 "몸의 신비"에 관해 말씀하실 필요가 없으셨다. 또한 그렇게 하셨다 해도 사도행전 3-6장 사이에는 "그리스도 안에" 유대인과 이방인이 있었기 때문에 유대인과 이방인으로 이루어진 몸이 여전히 있었을 것이다.

바울은 사도행전 15장 이전에 이 계시들을 얻었다(고후 12:7 참조). 그러므로 에베소서를 쓸 때 그가 계시를 받았다고 말하는 자들은 여러분의 눈과 귀를 막게 만들 것이다.

에베소서 3장은 단순히 하나님께서 유대인과 이방인으로 이루어진 몸의 신비를 바울에게 계시하셨고, 바울 이전에는 그 누구에게도 계시하지 않으셨다는 말을 하고 있다. 어떤 곳을 찾아봐도 바울이 펜을 들어 에베소서 3장을 쓰는 그 순간에 "신비"를 보여 주셨다고 말하는 부분을 발견할 수 없다.

『**다른 시대들에서는 사람들의 아들들에게 알려지지 아니하였으니**』(5절). "몸"이 있다든가 없다든가에 대한 언급이 전혀 없다. 본문은 단지 (유대인과 이방인으로 구성된) 이중적인 몸의 신비가 알려지지 않았다는 말이다(벧전 1:10 참조).

『**내게 주신** 하나님**의 은혜의 선물을 따라 내가 이 복음의 일꾼이 되었노라**』(7절). 본문의 "하나님의 은혜의 선물"은 2절에서 분명하게 정의하였다.

이 신비는 (바울이 아니라) "성령으로"(5절) 거룩한 사도들과 선지자들에게 "지금"(5절) 계시되었다. 베드로, 요한, 주의 형제 야고보가 지금은 바울처럼 많이 알게 되었다는 사실을 제거하기 위해, 윌리엄스는 성급하게 "거룩한 사도들"은 로마서 16:7, 데살로니가전서 1:1,6; 2:4,6, 고린도전서 4:6,9 등에 나오는 사람들을 가리킨다고 말한다. 그러나 그는 공연히 힘만 낭비했을 뿐이다. 에베소서를 쓸 당시에는 8명이나 12명 정도의 사람들이 신비를 알았겠지만, 이것은 여전히 몸이 언제 시작되었는지와는 아무런 관계도 없다. 에베소서 이전에 있는 모든 것을 없애고자 그들은 무모한 노력(그래서 그들은 물침례를 제거한다.)을 하지만, 그들이 간과하는 것이 한 가지 있다. 극단적 세대주의자들은 "신비를 아는 것"이 "몸이 언제 시작되었는지"와 전혀 상관이 없음을 잊어버린 것이다.

그리스도의 몸이 사도행전 2장에서 시작되었다는 것을 알지만, 그리스도께서 갈보리에서 속죄의 일을 완성하심으로 몸의 형성을 위한 길이 이미 만들어졌다. 이것은 사도행전 1-7장 사이에는 사도들과 선지자들에게 알려지지 않았고, 베드로는 의도적으로 갈보리가 아니라, 재림 때 "죄들이 지워질" 것을 말하였다(행 3:19). "그리스도의 몸"은 그리스도의 육신적인 몸이 영광으로 들어갈 때에야 비로소 형성될 수 있었다. 그 몸은 누구도 알지 못한 채 형성되었고, 구약에 예언되지 않았으나 그 일은 일어났다. 그것이 일어나자, 주님께서는 이방인들에게 보낼 사도를 부르시기 전까지(롬 16:25) 경륜의 성격에 대한 계시를 유보하셨다. 실제로 무슨 일이 일어나고 있는지에 대해 사도 바울에게 계시가 주어졌기에 한때는 그 혼자만 알고 있었으며, 그는 즉시 구약을 살펴보았다(롬 15장). 그는 이 진리가 비록 구약의 저자들에게는 알려지지 않았지만(벧전 1:11,12) 구약에 숨겨져 있었음을 발견하게 되었고, 그것을 여러 가지 증거구절로 입증하였다. 사도행전 2장 이전에 지역 교회가 있었지만(마 18:17), 이 교회는 사도행전 2장에 가서야 비로소 성령의 능력으로 살아 있는 유기체가 되었다. 이 "몸"은 얼마 후 그것이 내려왔던 것만큼이나 빨리 이 땅을 떠날 것이다(고전 15:49-52). 베드로, 야고보, 요한은 바울이 "몸" 안으로 들어오기 전에 이미 몸 안에 있었으며(롬 16:7 참조), 그들이 바울보다 나중에 향상된 계시를 알았다는 사실은 "몸의 신비"가 언제 시작되었는지와는 전혀 관련이 없다.

["사도들"(5절)이란 단어는 바티칸 사본에서 삭제되었다.]

3:8 **모든 성도들 가운데서 가장 작은 자보다도 더 작은 나에게 이 은혜를 주신 것은 이방인들 가운데 헤아릴 수 없는** 그리스도의 **풍요함을 전파하게 하려는 것이라.**

9 **또** 예수 그리스도를 **통하여 만물을 창조하신** 하나님 **안에서 세상이 시작될 때부터 감추어져 왔던 신비의 교제가 무엇인지 모든 사람에게 알게 하려는 것이니**

10 **이는 이제 교회를 통하여 천상에 있는 정사들과 권세들에게** 하나님의 **다양한 지혜를 알게 하려는 것이라.**

11 **이것은 하나님께서** 그리스도 예수 **우리** 주 **안에서 계획하신 영원한 목적에 따른 것이니라.**

12 **그 안에서 우리가 그분을 믿음으로 담대함과 확신을 가지고 나아가느니라.**

13 **그러므로 너희가 너희로 인한 나의 환난들 때문에 낙심하지 않기를 내가 바라노라. 그것은 너희의 영광이니라.**

바울은 본문에서 자신을 "모든 성도들 가운데서 가장 작은 자보다도 더 작은 나"(8절)라고 지칭하고 있는데, 이것은 "지극히 위대한 사도들에게 뒤진 것이 없다"(고후 11:5)는 표현과 "죄인들 중에서 내가 우두머리"(딤전 1:15)라는 표현의 중간 정도에 해당한다.

『**이방인들 가운데 헤아릴 수 없는** 그리스도**의 풍요함을 전파하게 하려는 것이라**』(8절). 바울은 이미 사도행전 15장 이전에 이와 같이 전파하였는데, 이것은 갈라디아서 2:2에 언급된 그의 예루살렘 방문을 보더라도 분명한 사실이다.

하나님께 대해서는 "헤아릴 수 없는" 것들이 많이 있다.

1. 하나님의 평강은 모든 지각을 초월하신다(빌 4:7).
2. 하나님의 선물은 말로 표현할 수 없다(고후 9:15).
3. 하나님의 사랑은 많은 물들로도 끌 수 없다(솔 8:7).
4. 하나님의 말씀은 말로 다 설명할 수 없다(고후 12:4).
5. 하나님의 기쁨은 말할 수 없다(벧전 1:8).
6. 하나님의 위대하심은 헤아릴 수 없다(시 145:3).
7. 하나님의 심판은 헤아릴 수 없다(롬 11:33).
8. 하나님 자신을 완전히 찾아낼 수 없다(욥 11:7).

하나님의 책은 책들의 왕이고, 모든 책들을 능가하는 유일한 책이며, 하나님의 책은 "책들이 펴져 있는" 그 날에 모든 다른 책들을 판단할 것이다. 하나님의 책은 "유일한 책"이다. [J.J. 레이가 지혜롭게 표현한 것처럼 "하나님께서는 한 가지 책만을 쓰셨다." 만일 여러분이 아직 그 한 가지 책을 발견하지 못하고 시중에서 백 가지도 넘는 "성경들"의 홍수 속에서 헤매고 있다면, 여러분은 반드시 하나님께서 쓰신 "한 가지 성경"을 알아야만 한다.]

『하나님 **안에서 세상이 시작될 때부터 감추어져 왔던 신비의 교제**』(9절). 주님께서 구약에서 "몸"을 천 번도 넘게 언급하실 수 있었으나 아무도 그 정도로 지혜롭지 못했음을 주목하라. 그것은 하나님 안에서 감추어진 신비였는데, 만일 하나님께서 원하셨다면, 모세, 다윗, 이사야, 예레미야, 침례인 요한, 데마, 베드로, 야고보, 유다, 빌라도, 도르카, 푸블리오(행 28:7)에게 이 신비를 계시하실 수 있었다. 그러나 하나님께서는 이 신비를 바울에게 계시하셨고, 바울의 사역의 일부는 유대인과 이방인이 함께하는 신비를 이해한 베드로, 야고보 요한 등("모든 사람," 9절)에게 맡겨졌다. [바울은 이 부분에 대해서 그 신비의 지식에 역행한 시몬 베드로를 질타하기도 했다(갈 2:11,12)].

『**이는 이제... 천상에 있는 정사들과 권세들에게**』(10절). "만물 안에 모든 것들을 채우시는"(엡 1:23) 분의 몸은 우주의 "너비와 길이와 깊이와 높이"(엡 3:18 주석 참조)를 채우시기 때문에 교회의 창조와 형성은 에베소서 6장과 이사야 24:21의 무리들에게 보여 주시기 위한 것이다. 하늘의 군대들은 이제 지구로부터 멀리 "북쪽의 빈 공간"(창세기 1,2장 주석 참조)까지 뻗쳐 있는 영적인 몸에 얽혀 있다. 골로새서 1:16,17에서 언급한 하나님의 물질적인 창조(창세기 1장)는 이제 그의 영적인 창조와 연관되며, 그래서 9절에서 "예수 그리스도를 통하여 만물을 창조하신"이란 말이 나온 것이다.

11절은 별다른 설명이 필요 없다(엡 1:4 주석 참조).

『**그 안에서 우리가... 담대함과 확신을 가지고 나아가느니라**』(12절). 다시 "외계"에 대한 관련 구절이 나오고 있음을 주목하라. 히브리서 9:9-12은 이 구절이 이 세상뿐만 아니라 오는 세상에서도(엡 1:21 참조) 그리스도인이 모든 "정사와 권세"를 넘어 하늘의 위엄의 보좌로 나아감을 보여 준다. 오리겐부터 잉글리쉬까지 이름 있는 모든 주석가들이 관련 구절을 놓친 것은 그들이 모두 에베소서 3:19의 "또"(and, 헬라어 "*카이*")를 번역하길 거부했기 때문이다(엡 3:19 주석 참조).

13절도 별다른 설명이 필요 없다(고전 4:10, 빌 2:26 참조).

3:14 이로 인하여 내가 우리 주 예수 그리스도의 아버지께 무릎을
꿇고 비노니
15 그분께로부터 하늘이나 땅에 있는 모든 가족이 이름을 부여
받았느니라.
16 하나님께서 그의 영광의 풍요함을 따라 그의 성령을 통하여
너희 속 사람 안에서 능력으로 너희를 강건하게 하시고
17 믿음으로 그리스도가 너희 마음속에 거하게 하시며 너희가 사
랑 안에 뿌리를 내리고 터를 닦아
18 모든 성도들과 함께 그 너비와 길이와 깊이와 높이가 얼마인
가를 잘 깨달을 수 있게 해주시며
19 또 지식을 초월한 그리스도의 사랑을 알아 너희가 하나님의
모든 충만으로 가득 차기를 구하노라.
20 이제 우리 안에서 역사하시는 능력을 따라 우리가 구하는 것
이나 생각하는 모든 것보다 훨씬 풍성하게 행하실 수 있는
그분께,
21 그리스도 예수를 통하여 교회 안에서 그분께 영광이 모든 시

대들, 곧 끝없는 세상에 걸쳐 있을지어다. 아멘.

본문은 오리겐부터 잉글리쉬까지 모든 유명한 주석가들(19세기 동안의 성경 변개)이 교육을 우상화했기 때문에 변개시킨 또 다른 곳이다. 알렉산드리아의 첫 번째 기독교 대학은 사사로운 해석을 위한 "은유적인" 방법들과 "영적인" 방법들을 사용했는데, 모든 주요한 주석가들이 이 타락하고, 하나님을 모독하며, 성경을 거부하는 이교도의 철학 중 일부를 수용하였다. 주님께서는 에베소서 3장에서 "이로 인하여"(14절)라는 말로 자기중심적인 모든 학자들의 기병대를 말에서 떨어뜨리셨다.

『**이로 인하여 내가... 무릎을 꿇고**』(14절). 본문("이로 인하여")이 1절의 "이런 까닭에"와 얼마나 유사한지 보라. 14절의 이유는 7-13절에 발견되며, 1절의 이유는 2:14-22에서 발견된다. 여러분은 몸과 건물을 나눌 수 없다.

『**우리** 주 예수 그리스도**의** 아버지**께**』(14절). "주 예수 그리스도"는 케네스 웨스트, <필립스 역본>, NEB, <현대인을 위한 기쁜 소식>, 살몬드 목사(<헬라어 주석 신약>, 3권, p.312), 한글개역판에 의해 즉시 삭제되고 만다. [이와 같이 하나님의 아들을 거칠게 밀어내는 것의 근원도 역시 알렉산드리아이다. 바티칸 사본과 시내 사본은 "주 예수 그리스도"를 삭제하였다.]

『**그분께로부터 하늘이나 땅에 있는 모든 가족이 이름을 부여받**

았느니라』(15절). 자유주의자들은 이 구절을 가져다가 하나님께서 모든 사람의 아버지를 의미하며, 데마, 파라오, 유다, 피의 메리, 데이비드 리빙스턴, 아브라함 링컨, 오스왈드, 케네디, 윌리엄 부스, 바울, 야고보, 호치민, 드골, 히틀러, 아인슈타인이 모두 그리스도 안에서 "형제와 자매"라고 주장한다. (카인과 아벨처럼 말인가?)

그러나 본문의 "가족"은 명백히 하나님의 가족이며, 본문은 명백히 하나님께서 그의 가족에게 이름을 부여하시는 것이다. "모든 아버지 되심은 하나님의 이름으로부터 나왔다"라는 <필립스 역본>의 우스꽝스러운 번역은 더멜로우의 주석 963페이지를 따른 것이다. 이것은 자유주의 입장에 상당히 기운 것인데, 더멜로우가 에베소서 2:14-16에 한 주석을 보면 더욱 분명히 알 수 있다. 그러나 이러한 해석은 더멜로우보다 더 이전으로 거슬러 올라간다. 그 처음은 로마카톨릭의 <예수회 성경>(1582)이며, 지금도 로마카톨릭의 <조합성경>(1941)에서 발견된다.

그러나 한글개역판은 아예 "가족"이라는 말 자체를 삭제시키고 "각 족속"이라고 변개시켜 하나님을 거듭나지 못한 모두의 아버지로 만들어 버렸다.

알포드와 미들톤(Middleton)은 (빈센트, 살몬드, 리들도 함께) ASV(1901), RV(1881), RSV(1946)의 번역자들에게 "모든 가족"(the whole family)을 "각각의 가족들 모두"(every family)로 번역할 것을 가르쳤다. 벌링거와 NEB, <현대인을 위한 기쁜 소식>도 이것을 따랐다.

그러나 <킹제임스성경>이 제시하고 있는 "모든 가족"(the whole family)이 옳은 번역이다.

본문은 다시 극단적 칼빈주의자들의 치명적인 약점을 드러내기 때문에, 벌링거는 반 페이지나 할애하여 <킹제임스성경>에 변개를 가한다(<컴패니언 성경>, p.1771). 그렇게 함으로 그는 성경에 대한 자신의 무지를 그대로 드러내고 말았다. 불쌍한 벌링거는 단지 세 부류의 가족을 찾아내는데 그쳤으며, 그것도 모두 사도행전에서만 국한되었다.

그러나 성경 전체에서 보여 주는 가족 구성원들은 다음과 같다.

1. 율법 이전의 이방인 성도들의 무리 : 아담, 노아 등
2. 이방인 성도들의 무리가 율법 이전에 히브리인이 됨 : 아브라함, 이삭, 야곱 등
3. 율법하의 유대인 성도들의 무리 : 모세에서 침례인 요한까지
4. 율법하의 이방인 성도들의 무리 : 로마서 1,2장
5. 교회 시대에 불러낸 성도들의 몸 : 사도행전 2장부터 휴거까지
6. 대환란 때의 유대인들 : 요한계시록 14:1-6
7. 대환란 때의 이방인들 : 요한계시록 7장
8. 천년왕국 성도들

얼마나 놀라운가! 헤아릴 수 없는 풍요함이 넘치지 않는가!

"the whole"대신 "every"로 바꾸고 난 뒤, 헬라어 원본에는 관사가 없다고 알리바이를 만들어 보려던 학자들은 스스로 모순을 드러낸다. 그들은 모두 사도행전 2:36에서 "all the house of Israel"(이스라엘의 온 집)이라고 번역하였는데, 그곳도 헬라어에서는 관사가 발견되지 않지만 그들은 관사를 붙임으로 그들의 알리바이가 조작된 것임이 밝혀졌다(9번 현상).

[솔직히 말해 보라. 여러분은 보수주의자, 복음주의자, 자유주의자, 카톨릭, 근본주의자의 번역 중 어느 것을 더 선호하는가? 선택해 보라. 그

러나 그들이 "종교개혁 성경"인 <킹제임스성경> 앞에 섰을 때는 모두 증오심을 가지고 완벽한 일치를 이룬다는 사실을 분명히 명심하라. 그들이 성경을 변개시키는 이유는 더 정확하게 하거나, 더 분명하게 하기 위함이 아니라, 절대 권위인 <킹제임스성경>에 대한 증오심이다.]

하나님께서는 "가족"(시 45:9-14)을 갖고 계시며, 그 가족에는 한 명의 신부가 있다(엡 5:27, 고후 11:1-3). 이 신부는 하나님의 아들을 위한 것이며(솔 6:9), 하나님의 신부가 아니라 그리스도의 아내다(엡 5:30). "오 너희 예루살렘의 딸들아," 그녀는 검어도 아름답다(솔 1:5). 그녀는 벌링거의 주장처럼 유대인이 아니다.

본문의 내용과 의미를 놓친 <킹제임스성경> 비평가들은 큰 재해에 직면하게 되었다.

『**하나님께서... 너희를 강건하게 하시고**』(16절). 이것은 에베소 성도들을 위하여 바울의 두 번째 기도이다(엡 1:16-20 참조). 본문에 있는 기도의 내용은 다음과 같다.

1. "그의 성령을 통하여 너희 속 사람 안에서 능력으로 너희를 강건하게" 하시도록(16절)

2. 그리스도께서 집에서 같이 "믿음을 통하여 너희 마음속에"(17절) 편안히 거하시도록

3. "너희가" 교리뿐만 아니라 "사랑 안에 뿌리를 내리고"(17절) 터를 닦도록

4. "너희가" "모든 성도들과 함께 그 너비와 길이와 깊이와 높이가 얼마인가를 잘 깨달을 수 있게"(18절) 해주시도록

주석가들과 성경 개정자들의 말들을 맹신하는 자들은 본문을 "그리스

도의 사랑(19절)의 너비와 길이와 깊이와 높이"라고 읽는다.

그러나 어떤 헬라어 본문에도 그렇게 되어 있지 않다.

더욱이 위클리프 성경부터 <킹제임스성경>까지 어떤 영어 역본에도 그렇게 되어 있지 않다.

그렇다면 도대체 여기에서 무슨 일이 일어난 것인가? 가만히 앉아서 확인해보라. 벌링거, 더멜로우, 클라크, 레인지, 엘리콧, 트랜치, 드윗, 렌돌, 블레이키, 아봇, 마틴, 라잇풋, 메이어, 리들, 올샤우젠, 펠트, 아이언사이드, 핫지, 쉐퍼, 벵겔, 다비, 핑크, 스탠리, 네안더 등의 학자들이 본문에 대해 실제로 무엇이라고 말하는지 살펴보라.

오리겐은 크리소스톰과 같이 말하고, 크리소스톰은 어거스틴과 같이 말하고, 어거스틴은 제롬과 같이, 제롬은 그레고리와 같이, 그레고리는 매튜 헨리와 같이, 헨리는 메이첸과 와필드와 같이, 메이첸과 와필드는 웨스트코트와 홀트와 같이, 웨스트코트와 홀트는 살몬드와 같이, 살몬드는 이 모든 것을 종합하여 "너비와 길이와 깊이와 높이"가 다음의 것들 중 하나를 가리킨다고 말한다.

1) 그리스도의 교회
2) 성전
3) 구속의 사역
4) 십자가의 신비
5) 하나님의 지혜
6) 우리를 위해 하나님께서 우리 안에서 행하신 일
7) 하나님의 사랑

이것은 19세기 동안 "과학적 조사"를 통한 "기독교 학문"의 전체적인 요약일 뿐, 어느 것 하나도 본문과 관련되지 않았다. 위에 열거된 항목들은 본문을 영적으로 또는 은유적으로 해석한 것이며, 1세기의 오리겐부터 20세기의 티엠까지 어느 누구도 성경에서 관련 구절을 점검하지 않았다(8번 현상).

19절의 "또"(and)는 "그리스도의 사랑"이 소유격인 것처럼 18절에 연결되어야 한다고 주장한다. 어떻게 인정받는 일류 학자들이 한결같이 동일한 성령께서 동일한 저자를 통해 동일한 신약에서 동일한 주제를 가지고 동일한 종류의 회심자들에게 하신 관련 구절을 잊어버릴 수 있는가? 로마서 8:39로 돌아가 보라.

그들 모두는 자신들의 "헬라어," "최초의 원본," "과학적인 연구," "최근의 발견들," "개선된 번역본들"을 모두 잊어버린 듯 안개 속에서 헤매고 있다. 그들은 모두 본문의 의미를 성경에서 찾아보는 것을 거부하였다(9번 현상).

바울이 기도했던 기도는 적어도 이 3만 명이 넘는 주석가들과 비평가들에게는 응답되지 않았다. 바울은 그들이 "깨달을 수 있게"(18절) 해주시도록 기도했다. 그러나 그들 중 누구도 문제를 해결하려고 시도조차 하지 않았기 때문에 깨닫지 못한 채로 남게 된 것이다.

18절에 해당하는 "소유격"은 바로 연결되는 문맥에서 발견된다. 이것은 15절에서도 나오고, 10절에서도 언급된다. 그것은 에베소서 1:20,21에도 나왔고, 2:6에서도 나왔으며, 1:3과 1:10에도 나왔다. 어떻게 헬라어나 히브리어 박사학위를 가진 자들이 이것을 놓칠 수 있는가?

만일 그들이 노력했더라면 이것을 놓치지 않았을 것이다.

18절에 해당하는 "소유격"을 놓칠 수 있는 유일한 방법은 하나님의 말씀에 오만하고 경멸한 자세로 접근하고, 성경의 권위 대신 자신의 인간적인 권위로 대치하고자 하는 의도를 가지는 것이다.

본문의 "너비와 길이와 깊이와 높이"는 로마서 8:39에 언급된 것과 똑같은 "높음"과 "깊음"이다. 바울은 평생 동안 우주에서의 위치를 확인할 수 있는 우주 지도를 가지고 지구에 살았던 셈이다. 우리는 그 배치를 보여줄 시간이나 지면이 부족하지만, 주님께서 바울의 기도에 응답하시면 우리는 그 규모를 깨달을 수 있고, 그 안에서 우리가 방향과 거리를 알 수 있다(창세기 1,2장 주석 참조).

우리는 외국 땅에 있는 나그네요, 타국인이다. 우리는 S자 모양의 성운 끝에 있는 땅콩 같은 행성에 살고 있고, 우리 태양계는 성운의 몇 백분의 일에 해당한다. 또한 우리가 살고 있는 성운은 우주의 수천, 수백만 개의 성운 중 하나에 불과하다. 방향 면에서 이 성운은 예수 그리스도의 영광스러운 몸의 남쪽에 있고, 예수 그리스도께서는 이 성운의 북쪽에 있는 보좌의 오른 편에 앉아 계신다. 바울은 그의 생애에서 언제라도 그가 어디로 끌려 올라갔는지(고후 12:1-4) 그 장소를 가리킬 수 있었다. 그는 그 장소의 크기와 모양과 위치와 환경을 알았기 때문에, 사는 것보다 즉시 죽어서 그곳으로 가기를 원했다(빌 1:21, 고후 5:8). 여러분들이 이러한 것을 깨닫는다면 1880년 이후에 성경을 번역한 자들과는 다른 부류의 그리스도인이 될 것이다. 이런 종류의 그리스도인은 골로새서 3:1-4에 묘사되며, 비록 학자들에 의해 이상한 사람으로 여겨질지라도 그는 우주에서 그의 몸이 어디에 있고, 그의 머리가 어디에 있는지 알고 있다. 또한 그는 창세기 1:2에서 깊음이라 불리는 끝없는 심연을 채우는 몸과의 대략적인 거리를 알며, 이 몸과 지체로서 하나 됨을 알고 있다(엡 5:30).

이 심연의 너비와 길이, 깊이, 높이의 정확한 수치는 출애굽기 25-40장에 나와 있다. 그러나 누가 이 일들을 위한 충분한 자격이 있겠는가? 학자들은 물론 아니다.

바울의 기도는 계속된다.

5. "너희가" "그리스도의 사랑"(19절)을 알도록

6. "너희가 하나님의 모든 충만으로 가득 차기를"(19절)

대부분의 기도는 별다른 설명이 필요 없으나, 네 번째 기도는 수 세기 동안 수수께끼처럼 내려왔다. 두 번째 기도는 그와 함께 집에서 나누기 위해 이사 온 사람처럼 그리스도와 성도간의 개인적인 관계를 언급한 것이다. "거하게 하시며"(17절, indwelling)는 믿음이나 구원의 상태(5절)에 달려있는 것이 아니라, 이미 거하고(dwell) 머무르기(stay) 위해 오신 분을 가리키는 것이다. 믿음의 생활은 거하시는 분을 슬프게 하지 않는다(엡 4:30, 갈 2:20). 워털루 전쟁이 끝난 후 갈빗대 사이에서 총알을 꺼내려고 노력하는 외과 의사에게 한 부상당한 군인이 "조금만 더 깊이 파면 황제를 만날 것이오."라고 말한 것과 같다.

18절, 19절과 관련해서 여러분들은 고린도전서 2:16, 잠언 25:3, 골로새서 2:9, 에베소서 4:9,13을 반드시 읽어 보기 바란다.

NEB, <필립스 역본>, <현대인을 위한 기쁜 소식>, <확대역본>의 18절 본문은 고려할 가치도 없다. 이 변개된 역본들은 성경에다 이미 언급한 바 있는 사사로운 해석들을 첨가하였다. 이 사사로운 해석들은 19세기 이상이나 계속해서 내려왔는데, 이것들은 <토빗>이나 <벨>과 <용> 같은 외경보다 더 비성경적이다.

세 번째 간구는 고린도전서 13장의 주제이기도 하다.

다섯 번째 간구는 인간의 이해를 뛰어넘는 그리스도의 사랑을 알게 해 달라는 간구이며, 빌립보서 4:7에 있는 "모든 지각을 초월하시는 하나님의 평강"과 유사하다. 이것은 지각보다 더 낫다. 죄인들에게 나타난 그리스도의 사랑에 대해 아는 것은 "최초의 원본"이나 "원본"의 시제나 관사에 대해 아는 것보다 훨씬 낫다.

여섯 번째 간구는 에베소서 5:18과 갈라디아서 4:19; 5:16과 어울린다.

골로새서 2:9에 따르면 "신격의 모든 충만함이 몸의 형태로" 거하는 것은 그리스도인들에게 유용하다. 이것은 다음의 놀라운 약속을 설명해 주기도 한다.

『**우리 안에서 역사하시는 능력을 따라 우리가 구하는 것이나 생각하는 모든 것보다 훨씬 풍성하게 행하실 수 있는 그분께**』(20절, 롬 15:18 참조).

21절은 별다른 설명이 필요 없다. 여기서 "끝없는 세상"(21절)은 요한계시록 21:1,2의 새 땅이며, 영원히 "시대들 중의 시대"로 들어갈 것이다. 그리스도께서는 성도 안에서 일하시며, 성도를 위해 일하신다. 그리스도께서는 이제 "우리 안에서 역사하시는 능력을 따라" 행하신다. 이것은 에베소서 1:19에서 언급했던 능력이며, 다시 본문은 외계로의 여행을 암시한다. 그리스도께서는 문자적인 "깊음"을 통과해 문자적인 "높음"으로 가셨으며, 여러분도 만일 거듭난 가족의 일원(하나님의 자녀)이라면 역시 그곳으로 갈 것이다.

에베소서 4장

4:1 그러므로 주의 죄수 된 내가 너희에게 권고하노니, 너희가 부
르심을 받은 그 부르심에 합당하게 행하되,
2 모든 겸손과 온유와 오래 참음과 사랑 가운데서 서로 용납하고
3 화평의 띠 안에서 성령의 하나 됨을 지키도록 열심히 노력하라.
4 너희가 너희를 부르시는 한 소망 안에서 부르심을 받은 것처
럼 한 몸과 한 분 성령이 계시니
5 한 분 주요, 한 믿음이며, 한 침례이고
6 한 분 하나님, 곧 모든 것의 아버지시니 그분은 모든 것 위에
계시며 모든 것을 통하여 너희 모두 안에 계시느니라.

가장 혼란스럽게 하는 "신비"를 끝내고 벌링거는 한 번에 영원히 물침례를 제거하기 위한 입장을 취하고 있다. 본문에 대한 그들의 사사로운 해석은 너무나 분명하기 때문에 누구든지 극단적 세대주의자들이 성경을

가르친다는 말을 듣는다면 깜짝 놀랄 것이다.

『**그러므로 주의 죄수 된 내가**』(1절, 3:1 주석 참조).

『**너희가 부르심을 받은 그 부르심에 합당하게 행하되**』(1절). 그리스도인의 일과 직업은 그리스도께 순종하는 것이다. 그가 실제로 이 땅에서 생계를 유지하기 위한 방편은 단지 그의 "취미생활" 정도여야 한다. 모든 다른 직업들은 단지 부업이며, 그리스도인의 진정한 직업은 천문학, 물리학, 농업, 상업, 전자공학, 건축, 무역, 미술, 음악, 문학, 과학, 교육, 정치, 사업, 경제, 공무원, 군대와 전혀 상관이 없다. 이것들은 참된 하나님의 자녀들에게는 중요하지 않은 일이며, 그의 "부르심"은 고귀한 부르심의 상을 위한(빌 3:14과 주석 참조) 높고 거룩한 하늘의 부르심이다(딤후 1:9).

『**모든 겸손과 온유와 오래 참음과 사랑 가운데서 서로 용납하고**』(2절). 본문에 쓰인 각 단어들은 그리스도인이 그의 동료 그리스도인을 대할 때 어떻게 해야 하는지에 대해 말하고 있다(골 3:12, 갈 6:1 참조). 『**화평의 띠 안에서** 성령**의 하나 됨**』(3절)을 지키기 위해서는 "겸손과 온유와 오래 참음"을 지녀야만 한다. 이는 구원받지 않은 자들이 쉽게 지나치거나 심지어 미덕으로 여기는 잘못과 죄들을 하나님의 사람들은 지나치거나 참아내기 어렵기 때문이다. 만일 밥 존스 시니어, J. 프랭크 노리스, 달라스 빌링톤, 잭 하일스, 빌리 그래함, 데오도르 엡, M.R. 디한, 칼 매킨타이어, 존 R. 라이스, 빌리 제임스 하지스, 빌리 선데이, 하이먼 애플먼이 모두 한 방에 함께 있었더라면 48시간도 안 되어 문 밖으로 피가 흘러나올 것이다. 성경이나 사역에 대해 강한 확신을 지닌 자들은 대부분 자신의 옷이나 음식 등 사소한 것들에 대해서도 강한 신념을 보인다.

『**화평의 띠 안에서** 성령**의 하나 됨**』(3절). 성령께서는 교회의 구성원들을 구원하셨고(엡 1:4-14), 하나님께서 기뻐하시는 대로 그들을 몸 안에 두셨으며(엡 2:20-22), 그들 각자가 올바른 기능을 하도록 준비시키셨다(고전 12:1-13). 이러한 연합은 그리스도인이 서로 대할 때마다, 매일 일상생활 속에서 지켜져야 한다. "화평의 띠"는 성령의 하나 됨을 파괴하는 논쟁을 방지한다(롬 14장). 함께 묶는 화평의 능력은 바울 자신이 쉽게 범하는 것 같은(행 15:39 참조) 폭발을 방지한다. 성도들은 하나님께서 이미 확립하신 것을 지켜야 한다.

본문의 내용은 명백히 "하나 됨"이다.

그러나 이 시점에서 스탬, 벌링거, 베이커, 오헤어 등과 같은 극단적 세대주의자들은 갑자기 본문의 내용이 옛 것을 대신하는 새로운 계시라고 결정한 뒤 한 몸의 지체들을 분열시킨다.

세상의 모든 극단적 세대주의자들은 5절을 기초로 하여 물침례를 거부한다.

그들의 논리는 다음과 같다.

1. 성경에서 "한 침례'라고 말하기 때문에 두 가지 침례가 있을 수 없다. [그러나 이것은 그들의 오류이다. 성경에는 두 가지가 아니라, 일곱 가지 침례가 나온다. 마태복음 3장, 사도행전 2장, 마태복음 28장, 고린도전서 10장, 마태복음 20장을 참조하라.]

2. 구원하는 것은 오직 한 침례이기 때문에(고전 12:13), 그리스도인은 물침례를 받을 필요가 없는데, 이는 한 침례는 성령침례이기 때문이다. [이것 역시 그들의 오류이다. 베드로, 야고보, 요한, 바울은 모두 성령으로 침례를 받았지만, 그들 모두는 물로도 침례를 받았다.]

3. 5절의 올바른 의미는 다음과 같다. "내가 구원받았을 때에는 무지하여 한 가지 이상의 침례가 있는 줄 알았었다. 그러나 이제는 몸의 신비의 향상된 계시를 받았는데, 그것은 한 침례만 있다는 것이다." [이것은 사람이 상상할 수 있는 최악의 사사로운 해석이다. 왜냐하면 같은 절에는 침례 외에 다른 주제들도 언급되기 때문이다. 그렇다면 이것도 새로운 계시인가? "예전에는 한 분 주 외에 여러 주께서 있는 줄 알았는데 이제는 오직 한 분 주만이 계심을 알았다." "나는 내가 구원받았을 때에는 한 가지 이상의 믿음이 있는 줄 알았는데, 향상된 계시를 받아 한 믿음만 있는 줄 알게 되었다."]

알다시피 에베소서 4장의 문맥은 주들, 신들, 침례들의 종류와는 전혀 상관이 없으며, 오직 한 분의 주(Lord)와 하나님, 침례만이 있음을 설명하고 있다. 여러 가지 많은 믿음들이 있지만 참된 믿음은 하나뿐이며, 많은 주들과 신들이 있지만(고후 4:4, 시 82:6, 고전 8:5), 참된 주는 한 분뿐이라는 것이다. 일곱 침례들이 있지만, 참된 침례는 하나뿐이다.

에베소서 4:5을 근거로 물침례를 던져 버린 결과는 성경의 나머지를 완전히 던져 버리는 "향상된 계시"이다.

사도행전 2장의 현상은 성령으로 인한 침례였다(행 1:2-4).

사도행전 10장의 현상도 성령으로 인한 침례였다(행 11:16).

고린도 성도들도 성령으로 침례를 받았다(고전 12:13). [그들은 사도행

전 17,18장에서 구원받았다.]

사도행전 20장 이전에 구원받은 에베소 성도들도 성령으로 침례를 받았다(엡 4:5).

바울이 "한 침례"라고 말한 것은 바로 이 침례이다.

두 가지 성령침례는 있을 수 없으며, 오직 한 가지뿐이다. 그러므로 본문을 사용하여 베드로, 야고보, 요한, 바울, 고린도 성도들, 에베소 성도들이 받았던 물침례를 부인하는 것은 그리스도의 몸을 나누고 성령의 하나 됨을 파괴하는 것이다. 이것은 본문에서 "화평의 띠 안에서 성령의 하나 됨을 지키도록 열심히 노력하라."(3절)고 명령한 주님의 계명을 범하는 짓이다.

바울이 지금 사도행전 18장의 고린도인들이 물침례를 받았다는 이유로 사도행전 19장의 에베소인들에게 싸움을 부추기는 것인가? 여러분이 스탬주의자나 벌링거주의자들을 만나 봤더라면 그들이 이러한 일들을 "사역"이라고 부른다는 사실을 알 것이다.

그러나 그것은 결코 사역이라 불릴 수 없다. 침례는 결코 "표적"이 아니며, 벌링거, 스탬, 베이커는 모두 그들의 신학에 맞추기 위해 "washing"(씻는 것)을 히브리어로 바꾸어야 했다. 물침례가 방언과 함께 사라졌다는 주장(고린도전서 14:22을 근거로)은 바울이나 하나님께서 하셨던 말씀과는 거리가 멀다. 방언은 "표적"을 위한 것이지만, 물침례는 "모형"이다. [다음 단계로 스탬과 베이커는 베드로전서 3장을 없애야만 할 것이다. 진리를 피하기 위해 계속해서 다음 구절로 옮겨가는 그들의 순환논법은 성경대로 믿는 사람들의 특징과는 아무런 관련이 없다. 이것은 성경이 가르치지 않는 내용을 가르치는 무리들, 즉 캠벨주의자들(그리스도의 교

회), 러셀파(여호와의 증인), 제칠일안식교도들이 행하는 전형적인 모습들이다.]

『**한 몸과**』(4절). 이 몸이 두 개인 적은 한 번도 없었다. 극단적 세대주의자들의 주장처럼 사도행전에 한 몸이 있고 바울 서신에 다른 몸이 있다는 주장은 성경과 반대된다. 바울이 사도행전에 있었을 때 그는 한 몸 안에 있었다. 베드로, 야고보, 요한은 모두 그리스도 안에, 또 하나님 안에 있으며, 성령에 의해 거하고 있다(요 17:21-26). 한 몸이 있고, 오순절 때 베드로, 야고보, 요한을 몸 안으로 침례시킨 성령님께서 고린도전서 12:1-3에서 고린도인들도 그 몸 안으로 침례시키셨다. 모든 회중들은 그들이 성령침례 받은 것을 보이기 위해 물로 침례받았다(행 10:44-48 참조).

『**너희가 너희를 부르시는 한 소망 안으로 부르심을 받은 것처럼**』(4절, 1:8 주석 참조).

『**한 분 주요**』(5절). 분명히 주 예수 그리스도이시다.

『**한 믿음이며**』(5절). 분명히 디모데전서 4:1과 디모데후서 4:7의 믿음이다.

『**한 침례이고**』(5절). 블레이키는 이 침례가 우리가 보이는 교회에 들어가는 "입회 의식"이라고 말하지만(<강단의 주석>, 제20권, p.147), 이것은 분명히 고린도전서 12:3의 믿음이다. 그는 “한 침례”란 말이 아기에게 물을 뿌려 일을 해결하는 것을 의미한다고 믿는다.

『**한 분** 하나님』(6절). 분명히 에베소서 3:14의 하나님이시다.

『**그분은 모든 것 위에 계시며**』(6절, 엡 1:20처럼), 『**모든 것을 통하여**』(6절, 엡 1:23처럼), 『**너희 모두 안에 계시느니라**』(6절, 엡 3:19처럼).

바울, 바나바, 실라, 소스데네, 디모데, 아폴로, 유니아, 안드로니코를 포함한 모든 사도들(윌리엄스 주석, p.925 참조)은 영적 침례를 받은 후에 물에 잠겼다. 그들을 “12명”과 구분하는 것은 아무것도 증명하지 못한다. “12명”과 이들 “8명”은 동일하게 성령침례를 받고, 동일하게 물침례를 받았다. 그들은 모두 한 몸 안에 있는 것이다.

스탬, 벌링거와 같은 극단적 세대주의자들은 에베소서를 바울이 받은 신비보다 신비스럽게 만들어 버려서 아무도 그들이 “깨달은” 것들을 알 수 없게 만들었다.

4:7 **그러나 우리 각자에게** 그리스도의 **은사의 분량대로 은혜를 주셨으니**
8 **그러므로 말씀하시기를 “그가 위로 올라가실 때에 사로잡힌 자를 사로잡아갔고 사람들에게는 은사들을 주셨다.”고 하셨느니라.**

9 (**따라서 그가 올라가셨다는 것은, 그가 땅의 더 낮은 부분들
로 먼저 내려가셨다는 것이 아니고 무엇이냐?**
10 **내려가셨던 그가 모든 하늘들 위로 올라가신 바로 그분이니
그가 모든 것을 충만케 하시려 함이니라.**)
11 **그가 어떤 사람들은 사도로, 어떤 사람들은 선지자로, 어떤 사
람들은 복음 전도자로, 어떤 사람들은 목사와 교사로 주셨으
니**
12 **이는 성도들을 온전케 하며 섬기는 일을 하게 하고** 그리스도
의 몸을 세우게 하여
13 **우리 모두가 믿음의 하나 됨과** 하나님의 아들을 **아는 지식의
하나 됨에 도달하게 하고 온전한 사람이 되어** 그리스도의 **충
만하심의 장성한 분량에까지 이르게 하려 하심이라.**

7절은 별다른 설명이 필요 없다. 그리스도인들은 그들이 받은 믿음의 분량(롬 12:3)이 다양하듯이, 그들이 받은 은혜의 분량(고전 12:4-11)도 다양하다. 그리스도께서는 은사들을 한량없이 가지고 계시지만(요 3:34), 그분께서는 다음 몇 구절들에서 은사들을 재어 나누어 주신다.

『**그러므로 말씀하시기를 "그가 위로 올라가실 때에**』(8절). 우리는 또다시 외계로의 여행을 다루고 있다(엡 1:20, 3:18 참조).

『**사로잡힌 자를 사로잡아갔고**』(8절). 이것이 학자들의 첫 번째 대탈출이다.

『그가 땅의 더 낮은 부분들로 먼저 내려가셨다는 것이 아니고 무엇이냐?』(9절). 이것이 학자들의 두 번째 대탈출이다.

『내려가셨던 그가 모든 하늘들 위로 올라가신 바로 그분이니』(10절, 하늘은 세 개가 있다. 고후 12:2). **『그가 모든 것을 충만케 하시려 함이니라』**(10절, 엡 1:23; 3:18 주석 참조).

본문에 대한 정확한 설명을 살펴보기 전에 먼저 학자들이 본문을 얼마나 심하게 망쳐 놓았는지를 살펴볼 것이다.

1. 그리스도께서는 "땅 밑으로"(into the earth) 내려가지 않으셨다(비록, 마태복음 12:40은 그가 그렇게 하셨다고 말하지만). 그는 단지 "바로 그 땅으로"(to the very earth) 내려가셨다(NEB, 1961).

2. 그리스도께서는 "땅 밑으로"(into the earth) 내려가지 않으셨다(비록 사도행전 2:27,31은 그가 그렇게 하셨다고 말하지만). 그는 단지 "이 세상의 깊음으로"(the depth of this world) 내려가셨다[<필립스 역본>(1958)].

3. 8절의 "사로잡힌 자"(captives)는 사람들이 아니다(비록 마태복음 25장은 그렇다고 말하지만). 그것들은 단지 "죄," "죽음," "저주"였을 뿐이다(제미에슨, 포셋, 브라운의 주석서, p.1289).

4. 8절의 "사로잡힌 자"(captives)는 사람들이 아니다(비록 베드로전서 3장은 그렇다고 말하지만). 그것들은 단지 "흑암의 권세들"(the powers of darkness)이다(<강단의 주석>, p.148).

5. 마틴 박사(위클리프 주석, p.1310)에 의하면 8절의 "사로잡힌 자"(captives)는 "우리를 사로잡았던 것"(that which captured us)이다.

6. 9절의 "내려가셨다는 것"은 하데스로 내려간 것이 될 수 없다(비록 마태복음 12:40과 사도행전 2:27,31은 그렇다고 말하지만). 왜냐하면 구절에서 "먼저"(first)라는 단어를 삭제했기 때문이다[RV(1881), ASV(1901), RSV(1946), 더멜로우].

7. <확대역본>은 8절의 "사로잡힌 자"(captives)가 "정복당한 원수들"(vanquished foes)이라고 말하지만, 이 원수들은 "죄," "죽음," "마귀"라고 부연한다(매튜 헨리도 마찬가지이다).

재미있지 않은가? 죽음은 요한계시록 21:4이 될 때까지 멸망당하지 않는다(고전 15:26 참조). 사탄은 요한계시록 20:8-10까지 모습을 감추지 않는다. 단지 성경을 갖고 장난치는 자들이나 죄, 죽음, 마귀가 사로잡혀 갔다고 말하는 것이다. 주 예수님께서 모든 하늘들 위로 올라가실 때 죄를 가지고 무엇을 하시려고 그것을 가지고 올라가시겠는가? 참으로 예수님께서 죽음과 마귀를 셋째 하늘로 끌고 가셨다고 생각하는가?

<헬라어 주석 신약>을 쓴 살몬드 박사에게 가 보자. 살몬드 박사가 그의 "원어"를 아는 지식과 그의 방대한 학식으로 무엇을 해 놓았는지 아는가? 그는 두 페이지에 걸쳐 그가 아는 잡다한 지식들을 나열한 뒤 결론 내리기를 예수 그리스도께서 하데스를 방문하지 않으셨다고 말한다(제3권, p.327). 그는 예수님께서 단지 하늘에서 땅으로 내려오셨다고 말한다.

그러나 만일 예수 그리스도께서 하데스로 내려가지 않으셨다면 마태복음 12:40은 아무런 의미도 없으며, 사도행전 2:27,31도 마찬가지다. 그의 말대로라면 도대체 이 구절은 무엇을 의미하는가? 『그리스도**께서도 많은 사람의 죄들을 담당하시려고 한 번 드려지셨고, 두 번째는 자기를 바라는 자들을 구원에 이르게 하시려고 죄 없이 나타나시리라**』

(히 9:28).

그리스도께서 우리의 죄들을 담당하셨다면(그는 그렇게 하셨다.), 그리스도께서 우리를 위해 저주가 되셨다면(그는 그렇게 되셨다.), 그리스도께서 우리를 대신해서 뱀처럼 되셨다면(그는 그렇게 되셨다.), 그가 그의 짐들을 다른 곳에 버리지 않고서 어떻게 두 번째 "죄 없이" 나타나실 수 있겠는가? 마리아가 예수님을 만지고자 원했을 때 예수님께서 더 이상 죄를 가지고 계시지 않았다면(요 20:17), 예수님은 여러분의 죄들을 어떻게 처리하셨는가?

지금 여러분의 죄들은 어디에 있는가?

그것들은 그리스도 위에 놓여졌고, 예수님은 그것들을 그분의 몸에 담당하셨다(사 53장, 고후 5장, 벧전 2:24). 만일 그리스도께서 "땅의 심장"으로 가시지 않았다면, 감옥에 있는 영들에게 전파하지 않았다면(벧전 3:19), 여러분의 죄들을 어떻게 처리하셨겠는가? 예수님이 죽으실 때 그것들은 그분 위에 있었다! 더욱이 그리스도의 혼(사 53:10)이 속죄제물이었기에, 그분의 혼은 심히 슬퍼 "죽을 지경"(마 26:38)이었다.

주의하라. <강단의 주석>, <위클리프 주석>, <헬라어 주석 신약>, 더 멜로우의 주석서 등은 모두 톰 페인이나 볼테르만큼도 성경에 대해 알지 못한다.

알다시피 오늘날에는 "자유주의자"나 "신정통주의자"처럼 근본주의자, 보수주의 불신자들이 그리스도의 몸을 괴롭히고 있다.

그리스도께서 (미래에) "사흘 낮과 사흘 밤을 땅의 심장 속에 있을 것이라."(마 12:40)고 말씀하셨을 때 그분은 이미 이 땅에 계셨다. 예수 그리스도께서 지옥의 문들을 여는 열쇠들(계 1:18)을 가지고 "빗장들"(욘 2:1-8)

을 통과하여 가셨을 때, 지옥의 문은 더 이상 "사로잡힌 자"를 가두어 둘 수 없었다. 이것은 전천년주의를 표방하는 무디성경신학원의 신약 헬라어를 가르쳤던 명예교수가 1학년이 배우는 초급 헬라어 실력도 가지고 있지 못한 이유를 설명해 준다. 그것은 바로 성경에 대한 그의 불신이다. [현대의 어떤 헬라어 교수나 성경 개정자도 그의 신앙고백과 상관없이 헬라어를 일관되게 올바르게 번역하지 못한다. 다만 자신들의 입맛에 맞추어 번역해 버린다(1번 현상).]

이러한 대표적인 예가 바로 웨스트 박사인데, 그는 요한복음 18:36에서 헬라어 "*코스몬*"을 "세상"(world)이라고 번역하길 거부했다. 더욱이 그는 요한복음 3:3-5의 두 가지 탄생이 근본적으로 차이가 없다고 말함으로써 그 둘을 같은 것으로 만들어 버렸다(<확대 신약 역본>, p.215). 이것은 알렉산더 캠벨이 가르쳤던 것과 정확히 일치하는 것이며, 15세기 동안 로마카톨릭이 공식적으로 가르쳐 왔던 것이다.

『**그가 어떤 사람들은 사도로... 주셨으니**』(11절). 이것들은 모두 그리스도께서 올라가신 결과들이다. 예수님은 사도행전 1장 한 달 이전에 올라가셨으며(요 20:17 참조), 이때 구약 성도들의 혼들을 그와 함께 데리고 가셨고, 적어도 그들 중 "많은 사람들"을 데리고 가셨다(마 27:51-54). 그들은 "구속"받았기 때문에 더 이상 중간 상태에 머무를 필요가 없었다. 그러나 1880년 이후의 성경 개정자들과 번역자들은 "사로잡힌 자"를 영적으로 해석하여 자기도 모르게 구약 성도들을 아브라함의 품에 남겨 두는 어리석음을 범했다. [그들은 결코 영감받은 원본을 믿지 않았다.]

성령님이 오시면서(행 2장) "은사들"을 나누어 주셨고, 이 은사들은 "성령의 선물"(행 2:38)과 함께 주어졌다. 사도들은 비록 마태복음 10장에서 선택되었지만, 사도행전 2장까지는 능력을 받지 못했다(눅 24:49). 독자들은 본문에서 은사들이 고린도전서 12장에서 발견되는 "방언," "기적," "치유" 등이 아니라, 사람들임을 주목해야 한다. 11절에다 "사람들에게 주신 은사"(gifts unto men)를 첨가하는 새로운 역본들(NEB, <필립스 역본>, <현대인을 위한 기쁜 소식>, <확대역본>)은 본문 전체의 의미를 모호하게 만들었다. 왜냐하면 시편 68:18의 "사람들에게 주신 은사"는 우리가 살펴보는 본문에 나타난 교회에게 주신 사람들과 같지 않기 때문이다.

『그가 어떤 사람들은 사도로, 어떤 사람들은 선지자로...주셨으니』(11절). 그리스도께서는 어떤 사람에게는 사도들이 되는 능력을 주시고, 어떤 사람에게는 선지자들이 되는 권세를 주셨다. 벌링거는 "사도들과 선지자들"이 한 몸, 곧 그리스도의 몸을 섬겼다는 진리를 받아들이지 못한다(12절 참조).

그들의 모임에 "선지자들"이 어디 있는가? "사도들"은 어디에 있는가?

만일 이 시대가 사도행전 28장이 지난 뒤 에베소서와 함께 시작되었다면(벌링거의 주장대로), 사도들과 선지자들의 은사를 받은 사람들은 지금 어떻게 되었는가?

마틴 박사는 "사도들과 선지자들"이 모두 임시적인 직무였다고 말함으로써 문제를 해결하였다(<위클리프 주석>, p.1311). 벌링거는 문제를 무시하고자 했다. 그는 자신의 <컴패니언 성경> 189번째 부록에서 단순히 각 직무들의 기능들만을 언급할 뿐, 왜 더 이상 우리 주위에 "사도들과 선지자들"이 없는지에 대해서는 설명하려고 시도조차 하지 않았다. 벌링거와 윌리엄스는 둘 다 "12명의 사도들"이 그리스도의 몸 안에 없다고 주장하기 때문에, 본문의 "사도들"이 "12명"과 관련 없음을 알고 있었다. 사실 우리가 "사도들과 선지자들"을 마지막으로 본 것은 에베소서 2:20이며, 그들은 "이스라엘 나라"의 일부였고, 그들이 사도가 된 때는 사도행전 9장부터 바울까지가 아니라 십자가의 못박힘(엡 2:13-16)부터이다.

더욱이 벌링거, 스탬, 베이커, 오헤어 등은 그 관련 구절들을 찾아보는 것마저도 잊어버렸다. 고린도전서 12:28에도 "사도들...선지자들"이 나온다는 사실을 주목하라. "교회"는 여기에서 "몸"으로 불리며(고전 12:27), 하나님께서는 첫째로 사도들을 세우셨다(고전 12:28). 실라, 디모데, 유니아, 아폴로, 소스데네, 바나바가 교회 안에서 세워졌다는 기록은 없지만, 베드로, 야고보, 요한, 도마, 바돌로매 등이 교회 안에서 어떻게 세워졌는지에 대해서는 사도행전 2장에 잘 기록되어 있다. 바울은 이들이 자신이 사도가 되기 이전에 사도들이었음을 말하였다(갈 1:17). 만일 그들이 그 이전에 교회 안에서 "첫째"로 세워졌다면, 어떤 멍청이가 교회가 사도행전 9장이나 28장에서 세워졌다고 우기는 것인가!

진리는 다음과 같다. 사도행전 1-10장의 사도들은 교회가 자라나는 형성기 동안 반드시 필요한 사람들이었으며, 선지자들(행 11-28장)은 신약성경이 완성될 때까지 반드시 필요한 사람들이었다. 『**어떤 사람들은 복음 전도자로, 어떤 사람들은 목사와 교사로 주셨으니**』(11절). 연대기적으로 휴거 이전에 그리스도의 몸을 위해 사역하는 마지막 무리들은 "목사와 교사"이다. "목사"라는 말 뒤에 어떤 콤마도 없다는 사실을 볼 수 있을 것이다. "목사"는 "교사"라야 한다(딤전 3:2, 딤후 1:11). 하나님의 말씀을 가르치지 못하는 목사는 강단에서 더 이상 할 일이 없을 것이다. [함께 커피를 마시고, 인자하게 미소를 지으며, 정중하고 예의 있게 대하는 등 호텔 바에서 소위 신사들이 하는 것 이상으로 성경을 가르치지 못하는 목사가 무엇을 더 할 수 있겠는가?]

더 깊이 있는 공부를 위해서 마태복음 5:5; 10:8, 마가복음 16:11, 사도행전 1:22; 20:28; 21:11; 23:11, 디모데전서 5:17, 디모데후서 4:5, 에스겔 34:23, 베드로전서 5:1을 참조하라.

『**복음 전도자**』(11절)는 좀처럼 길러지지 않는다. 유명한 복음 전도자들을 예로 든다면, 빌리 그래함, 빌리 선데이, 밥 헤링턴, 드와이트 무디, 데이브 윌킨슨, 존 알 라이스, 찰스 피니, 잭 반 임프, 하이먼 애플먼 등이 있다. 그러나 묵묵히 경작하고, 씨를 뿌리며, 심고, 수확을 하는 수많은 전담 사역 복음 전도자들이 매년 배출되고 있다. 그들은 길거리에서 일 년에 30-48주를 보내며, 하나님께서 문을 열어 주신 곳에서 모임을 가지는 자들이다. 그들 중 일부만 소개하면 글렌 슝크(Schunk), 돈 윌슨, 돈 체노웨스(Chenoweth), 필 슐러, 짐 머서, B.R. 라킨, 프레드 브라운, E.J. 다니엘, 칼 우드베리, 존 러랜드, 수도승 파커, 밥 페르손 등이다. 물론 그 외에도 많이 있다.

『**이는 성도들을 온전케 하며 섬기는 일을 하게 하고** 그리스도의 **몸을 세우게 하여**』(12절). <킹제임스성경>의 우수성이 또다시 증명되는 구절이다. 교회에게 "은사들"(11절)로 주신 사람들은 다음의 일들을 수행해야 한다.

1. 성도들을 온전케 한다.
2. 섬기는 자처럼 일을 한다.
3. 그리스도의 몸을 세운다.

하나님께서 주신 사람들의 일은 성도들이 서로를 섬기고 세워서 성도들을 온전케 하는 일이다. 이 말들은 <킹제임스성경>에 있는 그대로 두어야 한다. 그러나 1880년 이후의 거의 모든 역본들은 이 세 가지 의미들 중에 첫 번째를 무시하고 나머지만 제시하고 있다.

『**우리 모두가 믿음의 하나 됨과** 하나님의 아들을 **아는 지식의 하나 됨에 도달하게 하고**』(13절, 엡 3:16-20; 1:23; 4:3 주석 참조).

『**온전한 사람이 되어** 그리스도의 **충만하심의 장성한 분량에까지 이르게 하려 하심이라**』(13절; 골 1:24, 롬 8:29, 고전 2:6, 빌 3:15, 갈 4:19). 데오도티안, 칼빈, 메이어는 본문의 온전함이 휴거 때까지 얻지 못하는 로마서 8:29의 온전함이라고 말한다. 제롬, 루터, 크리소스톰, 드웻는 이것을 이 생애에서 얻을 수 있는 목표로 여긴다. [윌리엄스와 벌링거도 마찬가지다.]

절대무오한 하나님의 말씀을 설명하기 전에 8절부터 14절까지 학자들에 의해 18가지 성경 변개들이 제안되었다는 사실을 주목해야 한다. 이들은 로빈슨, 할레스, 소덴, 데이비슨, 루켄, 리들, 메이어, 알포드, 벵겔, 아봇, 살몬드, 엘리콧, 워즈워드, 드웻, 슈네더만이다. 성경대로 믿는 그리스도인들은 이들의 제안을 무시하는 것이 현명하다.

1. 그리스도의 몸은 다음 20년 동안 "성숙"에 이를 것이다. 그 수확은 참으로 좋은 것들이 될 것이며, 교회사의 처음 두 세기 동안의 초대 교회의 실행들과 일치할 것이다. "온전한 사람"이나 "충만하심의 장성한 분량"은 "한 새 사람"(엡 2:15)처럼 몸에 대한 간접적인 언급이며, 나팔 소리가 들릴 때(살전 4:15,16) 그 성장하는 것(16절)이 끝날 것이다.

2. 하나님께서는 그리스도인 개개인이 『은혜와, 우리 주 곧 구주이신 예수 그리스도를 아는 지식 안에서』 자라갈 수 있게 하시고자 은사를 받은 사람들을 주신 것이다(벧후 3:18, 엡 1:17; 3:19). 그가 자라가야 할 목표는 바울의 목표와 같아야 한다(골 1:24, 딤전 6:19, 빌 3:10-14).

"그리스도의 충만하심의 장성한 분량"은 단순히 그리스도를 모방하는 것이 아니라(엡 5:1 참조), 믿는 자 안에서 그리스도를 닮음이 형성됨을 암시한다. 그리스도인은 그 안에서 부활하신 구주께서 가지셨던 모든 것을 유용하게 쓸 수 있다(엡 3:16-21). 그리스도께서는 그분이 그 안에 "형성된" 믿는 자의 몸 안에서만 그분의 충만하심의 장성한 분량에 이르실 수 있다.

4:14 그리하여 우리가 이제부터는 더 이상 어린아이가 아니요, 사람들의 속임수와 교활한 술책으로 그들이 속이려고 숨어서 기다리는 온갖 교리의 풍조에 밀려 이리저리 다니지 아니하고
15 오직 사랑 안에서 진리를 말하며 우리가 모든 일에 성장하여 그에게 이르리니 그는 머리시며 곧 그리스도시니라.
16 그로부터 온몸이 각 부분의 분량 안에서의 효과적인 역사를

따라 각 마디를 통하여 공급을 받아 알맞게 결합되고 체격이 형성되어 몸을 성장시키며 사랑 안에서 몸 자체를 세워 나가느니라.

본문의 첫 번째 절인 14절은 현대의 성경 번역자, 개정자, 교사, 주석가들의 활동에 대해 성령께서 영감으로 기록하신 말씀이다. 하나님만이 1880년부터 지금까지 일어나고 있는 이러한 활동들에 대해 정확하게 묘사하실 수 있다.

1. 『**이리저리 다니...고**』(14절). RV, RSV, ASV가 이리저리 다니는가 하면, 어느새 그 뒤를 이어 <필립스 역본>, <리빙 레터즈>, <현대인을 위한 기쁜 소식>, <확대역본>이, 다시 그 뒤를 이어서는 <웨이마우스 역본>, <모펫 역본>, NEB, NASV가 이리저리 다닌다.

2. 『**온갖 교리의 풍조에 밀려**』(14절). 후천년주의가 등장하는가 하면, 어느새 무천년주의가, 또다시 환란 후 휴거 이론이라는 교리의 풍조가 나타난다.

3. 『**사람들의 속임수**』(14절). 이것은 "재빠른 손재주"나 "손이 눈보다 더 빠르다"는 말처럼 행해지는 것이다. 사람들의 속임수는 주사위를 던질 때 당신이 결코 이길 수 없게 만드는 전문적인 도박이나, 카드 패를 돌리는 교묘한 속임수나, 성경에 나오는 "신들"(시 82편)을 단순히 사람으로 바꿔 버리는 학자들의 속임수(<확대역본>, p.261)를 말한다.

4. 『**교활한 술책**』(14절). 어리석은 학자들은 데살로니가전서 4:17의 구름처럼 보이는 "성도들의 무리들"을 "구름들"로 바꿔 버리려는 시도들을 했다(케네스 웨스트 신약, p.482). 또한 여러분들로 하여금 바울이 에베

소서 4:26에서 <칠십인역>(신약이 완성된 지 200-400년이 지난 다음에 만들어진)을 인용했다고 생각하게끔 만들기도 한다. [자세한 내용은 <피터 럭크만의 주석서 창세기 Ⅰ>(말씀보존학회)이나 <필사본의 증거, Manuscript Evidence>를 참조하라.]

5. 『**그들이 속이려고 숨어서 기다리는**』(14절). 정확한 표현이다. 이것이 전체 생각이며, 그것들을 시작한 목적이다. 오늘까지 RV, ASV, RSV의 서문을 읽어보면 그들의 본문이 단지 <킹제임스성경>을 "개정"한 것일 뿐, "새로운" 성경이나 "틀린" 성경이 아니라고 말하는 모습을 발견할 수 있다. 그러나 그들 자신도 그들이 서문에 적은 글들이 거짓말임을 알고 있으며, 그들의 본문들이 <킹제임스성경>에서 3만 군데를 뜯어고쳤다는 사실을 누구보다 잘 알고 있다. <킹제임스성경>을 재번역하고 나서 <뉴스코필드주석성경>이라고 이름붙인 자들도 그들이 <권위역본>을 출간하지 않았다는 사실을 알고 있으면서도 그들의 앞표지에 "권위역본"이라고 써 놓았다. 그들은 속이려고 기다리는 자들일 뿐이다. 케네스 웨스트가 성경의 절 전체를 없애고, 절에다 숫자를 붙이기를 거부했는데, 이러한 그의 의도는 일부 구절들을 삭제하고도(행 8:37 등) <킹제임스성경>의 절 전체를 간직한 것처럼 독자들을 속이고자 하는 것이다. 그들은 속이려고 숨어서 기다리는 자들이다.

성숙한 그리스도인은 더 이상 어린아이가 아니다(14절). 따라서 아무도 1880년 이후에 발간된 쓰레기를 가지고 성숙한 그리스도인을 속일 수 없다. 철학자를 속이거나, 헬라어 학자, 출판업자, 히브리어나 헬라어에 능통한 사람, 신약 헬라어 교수, 웨스트코트, 홀트 등을 속이는 것은 쉬운 일이지만, 성숙한 그리스도인을 속이는 것은 불가능하다. 보수적이고, 구령하는, 거듭난 근본주의자는 가능하지만 성숙한 그리스도인은 힘들다는 말이다.

널 박사와 커스터 박사(밥 존스 대학의 공식 견해를 대표하는)는 그들의 대표적인 저서인 <성경적인 견해>라는 책에서 "헬라어 원문"을 언급하면서 <킹제임스성경>을 수없이 뜯어고쳤다. 이것은 성경의 절대무오한 절대 권위를 믿는다는 평판을 듣고 밥 존스 대학에 다니고자 찾아온 순수한 젊은 신학생들을 속이는 짓이다.

그러나 성숙한 그리스도인은 아무도 본 적이 없는 "최초의 원본" 같은 말에 결코 속지 않는다. 그들이 단순히 "우리는 성경이 하나님의 말씀인 것을 믿습니다."라고 했을 때 우리는 그 속에 담긴 사탄적인 암시를 눈치챈다. 이것은 그들이 하나님의 말씀이었던 어떤 성경이 어느 곳엔가 있었지만, 이제는 더 이상 존재하지 않는다고 믿는다는 것을 달리 표현한 것에 불과하다. 그들은 학생들을 모으기 위해 공개적으로 거짓말을 하지만 그들의 참된 신념은 바로 이것이다.

또한 그들이 자주 언급하는 "헬라어 원문"은 "최초의 원본"이 될 수 없는데, 이는 그들이 원본을 갖고 있지 않기 때문이다.

또한 그들이 주장하는 "헬라어 원문"은 <표준원문>도 아닌데, 이는 널 박사와 커스터 박사는 알란드, 메쯔거, 웨스트코트, 홀트, 제롬, 어거스틴이 혼합한 바티칸 시내 사본으로 된 NASV를 추천하기 때문이다.

"헬라어 원문"이라는 것은 아무데도 존재하지 않으며, 단지 죽은 정통주의 배교자의 타락한 상상 속에서나 존재할 뿐이다. "헬라어 원문" 같은 것은 없으며, 티쉔돌프, 밀, 월톤, 그리스바흐, 스테파누스, 엘지버, 네슬, 웨스트코트, 홀트, 사우터, 폰 소덴 등의 수십 개의 "헬라어 본문들"이 있을 뿐이다.

이 죽은 정통주의 배교자들은 "사람들의 속임수"와 "교활한 술책"으로 "속이려고 기다리는" 자들이며, 그들은 살아 계신 하나님의 살아 계신 말씀을 믿는 학생들의 믿음을 파괴하고 있다.

성숙한 그리스도인들에게 이러한 그들의 속임수와 술책은 농담으로 여겨질 뿐이다.

『**오직 사랑 안에서 진리를 말하며**』(15절). 학자들은 <킹제임스성경>을 증오하는 것도 모자라서 그 말씀을 변개시키기까지 한다. 만일 이러한 일에 동참하는 자가 있다면 그를 "성숙한 그리스도인"이라 말할 수 있겠는가? 오히려 "어린아이"라 불러야 되지 않겠는가?(고전 3:1) 하나님의 말씀은 "진리"(요 17:17)이며, 우리는 "하나님의 말씀처럼"(벧전 4:11) 말해야 한다. 우리는 그것을 "사랑 안에서" 말해야 한다. [대부분의 근본주의자들은 사랑 없이 진리를 말하며, 자유주의자들은 진리 없이 사랑만 말하고 있다. 그러나 하나님의 말씀은 이 두 가지를 모두 요구하고 있다.]

『**성장하여**』(15절)라는 표현을 주목하라. "성장하라!" 여러분이 가진 <킹제임스성경>에 대해 "학자," "과학," "교육"이라는 요술지팡이를 흔들어 댈 때마다 매번 움찔하거나, 피하거나, 식은땀을 흘리는 것을 그만두라! 하나님의 참된 말씀은 스스로를 지킬 것이다. 여러분은 울부짖는 사자처럼 방어하지 않아도 된다. 오히려 성경이 울부짖게 하라.

마덜린 머레이, 아비 호프만, 랩 브라운, 스토클리 카미카엘, 마셸 닐, 티모시 리리, 웨스트코트, 홀트, 볼테르, 스피노자, 다윈, 라이프니츠, 톰 페인, 교황 요한, 로버트슨, 레닌, 마르크스, 트로츠키, 버트란드 러셀, 존 듀웨이, 로버트 섬너, 노엘 스미스, 티엠, 헉슬리, 거스 홀, 케네스 웨스트를 뒤엎는 것은 <킹제임스성경>이다. 그 성경이 울부짖게 하라. 사자는 정글에서 모든 고양이들을 제압할 수 있다. <킹제임스성경> 앞에서 학자들, 철학, 심리학, 교육, 과학, 종교는 모두 독일 셰퍼드 앞의 토끼처럼 도망칠 것이다.

『그로부터 온몸이... 결합되고... 몸을 성장시키며 사랑 안에서 몸 자체를 세워 나가느니라』(16절). 그리스도의 몸이 에베소서 2:21의 건물이 성장하는 것처럼 성장한다는 사실을 주목하라. 더욱이 이 몸은 크기면에서 성장해 왔는데, 이는 A.D. 70년보다 A.D. 90년에 더 많은 사람들이 이 몸 안으로 들어왔고, 1400년 보다 1900년에 더 많이 늘어났다. 그러나 본문의 의미는 오히려 각 개인이 성장함으로 몸이 "장성한 분량"으로 성장하는 것을 말하며(그리스도를 닮아 간다는 의미에서), 단순히 고정적인 몸 안으로 회원들이 들어오는 것(벌링거, 칼빈)을 의미하지는 않는다.

4:17 **그러므로 내가 이것을 말하고 주 안에서 증거하노니 너희는 더 이상 다른 이방인들처럼 허망한 마음으로 행하지 말라.**
18 **그들 마음의 완고함 때문에 그들 안에 있는 무지를 통하여** 하나님의 **생명에서 멀리 떨어졌고 그들의 명철은 어두워졌으며**
19 **감각을 상실하여 자신을 방탕에 내어 주어 욕심으로 모든 불결한 것을 행하느니라.**

20 그러나 너희는 그리스도를 그렇게 배우지 아니하였느니라.
21 진리가 예수 안에 있는 바와 같이 과연 너희가 그에게서 듣고
또 그에 의해 배웠을진대
22 이전 행실에 관해서는 기만의 욕망에 따라 썩어진 옛 사람을
벗어 버리고
23 너희 생각의 영 안에서 새롭게 되어
24 하나님을 따라 의와 참된 거룩함 안에서 창조된 새 사람을 입
으라.
25 그러므로 거짓을 버리고 각자 자기의 이웃과 더불어 진리를
말하라. 이는 우리가 서로 지체이기 때문이라.
26 화를 내되 죄는 짓지 말고 해가 지도록 분노를 품지 말며
27 마귀에게 틈을 주지 말라.
28 도둑질하는 자는 더 이상 도둑질하지 못하게 하고 오히려 일
하게 하라. 그가 손수 선한 일을 하여 궁핍한 자를 구제할 수
있게 하라.
29 너희 입에서 어떠한 더러운 말도 나오지 아니하게 하고 오직
서로를 세우는 데 필요한 좋은 것만을 말하여 듣는 자들에게
은혜를 끼치게 하라.
30 하나님의 거룩한 영을 슬프게 하지 말라. 너희가 그로 인해 구
속의 날까지 인치심을 받았느니라.
31 모든 신랄함과 분개와 분노와 고함지르는 것과 욕설을 모든
악의와 함께 너희로부터 버리라.
32 너희는 서로 친절하고 다정다감하며 서로 용서하되 하나님께

서 그리스도를 위하여 너희를 용서하신 것같이 하라.

본문 전체는 실제적인 그리스도인의 생활을 다루고 있으며, 이 때문에 대부분의 칼빈주의자들과 벌링거주의자들이 에베소서를 강해할 때 3장에서 끝내거나 4:6까지만 하고 끝내 버린다. 가끔씩 용감한 사람들이 5장이나 6장, (때로는 본문)을 언급하지만, 칼빈주의자들과 벌링거주의자들이 이 부분에서 다루는 것은 "고상한 언급들"이 전부이다.

『**너희는 더 이상 다른 이방인들처럼... 행하지 말라**』(17절). 본문은 구원받은 에베소인이 "그리스도 안에" 있고, 그의 "이방인" 명찰을 벗어 버렸지만(고전 12:13, 갈 3:28), 그의 육신적인 몸은 여전히 이방인의 몸이지, 유대인의 몸이 아님을 분명히 보여 준다(갈 3:28, 롬 3:1,2 참조). 한 몸 안에 있는 거듭난 사람을 다루고 있는 신약의 본문에서도 인종차별이 발견된다는 사실을 유의하라(롬 11장). 성령님께서 인종적인 표시를 지우시는 것은 성도들의 영적 위치를 언급하는 경우에만 해당된다. 모든 새로운 성경들이 종교적 사회주의를 조장할 목적으로 "다른"(other)이라는 단어를 모두 삭제함으로써 다시 옛날 암흑시대의 로마카톨릭 성경인 <예수회 성경>의 본문으로 대체하고 말았다. [그들은 사도행전 17:26에서 "피"라는 단어를 삭제함으로써 인종 통합을 위한 동일한 시도를 행하였다.]

NASV(1960)는 이 부분에 있어 ASV(1901)와 동일하게 변개되었으며, 미국 보수주의자들의 95% 이상이 이 두 역본 중 하나를 추천하지만, 아무도 자신들이 그렇게 하는 것이 실제로 무엇을 하는 행동인지를 알지 못하고 있다. 1881년 이후 죽은 정통주의 배교자들은 줄곧 <예수회 성경>을 모방했다. 그래서 성경대로 믿는 사람들은 그들이 추천하는 성경들을 진지하게 받아들이지 않는다.

다음에 나오는 사항들은 하나님께서 각 민족들을 어떻게 평가하시는지에 대해 보여 준다.

1. 허망함이 그들의 마음을 다스리고 있다(17절).
2. 그들의 명철은 어두워졌다(18절).
3. 그들은 하나님의 생명에서 멀리 떨어졌다(18절).
4. 이것은 그들 안에 "무지"가 있기 때문이다(18절).
5. 이 무지는 고의적이고 계획적이다(18절).
6. 그들은 영적인 진리들이나 영적인 문제들 앞에서 모든 감각을 상실한다(19절).
7. 그들은 자신을 간음과 음행, 폭음, 식인 풍습, 성 도착, 탈선, 관능적인 기쁨에 내어 주었다(19절).
8. 그들은 욕심 많고 불결하다(19절).

이 설명은 NEA(전미교육협회)의 일류 교육가들의 묘사이다(잠 19:27 주석 참조). 이 "소경을 인도하는 소경"들은 트렌트 공회(1546)처럼 교리적이고 정규적인 신조들을 갖고 있다. 그들은 경험에 입각한 과학을 최상의 권위로 믿고, 하나님이 우주의 일부라고 믿으며, 하나님과 우주 둘 다 영원한 것으로 믿는다. 그들은 "성장," "변화," "순응"을 최고의 선으로 믿으며, 무엇이든지 상대적이며, 의미가 있다고 믿는다. 그들은 모든 진리들이 상대적이라고 믿고, 성경을 단지 우화와 신화의 짜깁기로 여기며, 아무리 노력하더라도 영원히 불못에 들어갈 일은 없을 것으로 믿는다. 그들은 성경은 비평할 수 있으나, 다른 사람의 믿음을 비평하는 것은 금해야 한다고 믿는다. 그들은 모두 국제적인 사회주의자이며, "하늘"은 오직 돌을 쌓듯이 소경을 인도하는 소경을 따라 열심히 노력을 쌓으면 갈 수 있는 곳으로 알고 있다. 소크라테스, 아리스토텔레스, 플라톤이 그들을 위해 게임을 시작하며, 샤를마뉴, 클로비스, 페핀, 로스차일드와 교황들이 중간에서 차단하여 그들을 위해 길을 만들어주고, 다윈, 헉슬리, 리엘, 팔레이, 케플러, 뉴톤, 베이컨, 콩트, 스피노자가 달리며, 라이프니츠, 헤겔, 로이스, 듀웨이, 록펠러, 러셀, 아인슈타인, 케네디가 추가 득점을 위해 공을 차고, 젠타일, 윌리엄 제임스, 핸리 제임스, 홉스, 흄, 마르크스, 프로이드, 레닌, 트로츠키, 엥겔스, 교육부, 보건 복지부가 공을 가지고 골라인을 통과한다. 멋진 슈퍼 볼 경기가 아닌가?!

그들은 "글쎄, 나는 전혀 볼 수 없어요, 나는 결코 그렇게 보지 않아요"라고 말하는 소경이다. 그들은 "글쎄, 나는 그것(요 3:16)말고 더 있을 것 같은데! 아무것도 느낄 수 없어"라고 말하는 "감각을 상실한" 자들이다(19절). 그들은 무지하기 때문에(18절) "어디서 카인이 아내를 얻었는가? 어떻게 동물들이 방주에 탈 수 있는가? 복음을 한 번도 들어보지 못한 이교도들은 어떻게 되는가?"라고 질문한다. 그들은 "나는 생각한다. 그러므로 나는 존재한다. 사람은 만물의 척도이다." 등을 말하는 허망한 자들이다. 그들은 불결하기에(19절) "무엇이 잘못되었는가? 조금쯤은 아무렇지도 않아! 언제 그만두어야 할지 알고 있어. 내 양심은 전혀 거리낌이 없어(딤 1:15)"라고 말한다. 그들은 죽었기 때문에(18절, 눅 9:60), 그들은 "라이프 잡지"를 신봉하며, "이것이 네 생명"이라는 것을 보고, "생명보험"에 가입하며, "인생은 사십부터 시작"이라고 말하고, 생명을 연장하려고 갖은 노력을 다하며, 달에 생명의 근원이 있는지를 찾고자 한다(롬 10:4-7). 1세기에 다이아나 여신을 숭배하던 에베소인들이나 외계를 인류의 희망으로 믿는 현대의 UN은 다를 것이 하나도 없다. 인간의 성품은 변하지 않는다. 에베소 동업자들의 부패한 마음이나 20세기의 종교, 정치 지도자들의 부패한 마음은 동일하다. 이렇게 생각하지 못한 유일한 이유는 바로 명철이 어두워졌기 때문이다(18절).

[벵겔, 블레이키, 마틴, 더멜로우, 제미에슨, 포셋, 브라운, 클라크, 레인지, 엘리콧, 라잇풋, 메이어, 워즈워드, 살몬드, 알포드, 드웻, 쉐프, 리들, 러커트가 제안한 성경 변개들은 언급할 가치조차 없다.]

『**그러나 너희는 그리스도를 그렇게 배우지 아니하였느니라**』(20절). 모든 그리스도인들, 특히나 설교자들, 목사들은 그리스도로부터 배워서 행해야 한다.

21절이 20절을 잘 설명해 준다. 『**진리가** 예수 **안에 있는 바와 같이 과연 너희가 그에게서 듣고, 또 그에 의해 배웠을진대**』(21절). 17절부터 19절은 예수 그리스도로부터 배운 것들이 아니다. 그들은 신학교의 교수들과 고등학교의 교사들, 신문, TV를 통해 그것들을 배웠다.

NEB와 <필립스 역본>은 <킹제임스성경>이 시제, 격, 수를 정확히 번역하지 못했다고 늘상 불평하지만, 그들은 본문의 "그리스도"를 목적격으로 번역하길 거부했다(3번 현상). 몇몇 주석가들은 에베소인들이 그리스도에게서 듣고 그에 의해 배웠다는 말씀(21절)에 분개하여, 대신 누군가에 의해 "그리스도에 대해" 배우고, "그에 대해" 들었다고 바꾸기로 결정한다. 이 같이 주장하기 위해서는 그들은 모든 계열의 헬라어 필사본들을 무시해야만 한다(1,2,5번 현상).

『**이전 행실에 관해서는... 벗어 버리고**』(22절, 2:3 참조). "행실"(conversation)은 셰익스피어에 의해서도 쓰인 단어(<헨리 4세>, 파트 2, 5절)이지만, 오늘날까지 아무도 그 단어를 바꾸거나 갱신하지 않는다. 왜 그런가? 미켈란젤로의 원 작품은 너무나 신성하여 손을 대지 못하며, 셰익스피어의 작품은 너무나 거룩하여 한 단어도 바꾸지 못하면서도, 어떻게 거룩한 성경은 자기의 입맛대로 뜯어고칠 수 있는가?

『**썩어진 옛 사람**』(22절). 여기서 NEB(1961)는 "인간의 옛 성품"을 버리라고 하는 엄청난 실수를 저지르고 있다. 그러나 옛 성품은 주님께서 다시 오셔서 우리의 몸을 바꾸시기 전까지는 결코 없앨 수가 없다(롬 7:24).

케네스 웨스트는 그의 책 서문에서 10페이지에 걸쳐 어떻게 더 "정확한" 번역을 하였는지를 설명한 뒤, 본문의 "사람"(man, 헬라어 "*안쓰로폰*")을 "자아"(self)로 번역하였다. 그러나 어떤 헬라어 필사본에도 그러한 단어는 없다. RSV는 "새 성품"(new nature), <필립스 역본>은 "새 생명"(new life)이라고 번역했지만, "성품"이나 "생명"이란 단어는 지구상의 어떤 종류의 필사본 계열에서도 발견되지 않는다(3번 현상).

그러나 그들이 곤란을 겪었던 본문의 올바른 형태는 24절에 있듯이 "새 사람을 입으라."는 것이다.

알다시피 "새 사람"은 예수 그리스도 자신이며(고전 15:47, 골 3:10), 본문(24절)은 아담이 타락하기 전 원래의 형상이 "하나님의 형상"(히 1:2,3, 고후 4:4,5)이신 예수 그리스도, 그분의 형상을 따라 만들어졌음을 말하고 있다. 로마서 13:14이 본문을 정확히 설명하고 있지만, 벌링거는 성경을 읽으면서도 이 관련 구절을 발견하지 못하였다. 이처럼 하나님의 말씀을 혼란케 한 결과는 NEB(1961)이며, NEB는 의롭고 헌신된 생활을 함으로 새로운 성품이 스스로를 나타낸다고 말하고 있다. 그러나 이것은 본문의 단어, 철자, 의미, 가르침을 전부 왜곡시킨 것이다. "새 사람"(예수 그리스도)은 "의와 참된 거룩함 안에서" 창조되었다. 또한 그리스도인이 입어야 할 분이 바로 이 "새 사람"이다. 그리스도인은 "옛 사람"(아담)을 벗어서 옷장에 넣어 버린 뒤, 새 옷을 입듯이 "새 사람"을 입어야 한다.

[여기서도(24절) 명사로부터 형용사를 떼어 놓는 웨스트의 버릇이 나타난다. 사실 "true holiness"(참된 거룩함)를 케네스 웨스트가 "holiness of truth"(진리의 거룩함)로 바꾸는 것은 본문의 의미에 아무것도 기여하지 않는다. 더욱이 그는 이러한 일을 일관되게 행하지도 않는다. 그는 이 구절과 같은 문장 구조를 갖는 5:6에서는 명사로부터 형용사를 떼어 놓기를 거부했다(4번 현상).]

『**기만의 욕망**』(22절)은 태어날 때부터(롬 3:9-20) 썩어 있는 썩은 옛 성품이다. 욕망은 다음과 같이 기만하는 것이다.

1. 그 욕망이 원하는 것을 얻기 위한 방법을 생각한다. 그리하여 어떤 결정에 있어서 "자아"를 그 결정하는 요소로 삼는다.

2. 충분히 되면 멈추겠다고 고백하지만 결코 충족되지 못한다(전 6:7).

3. "욕망과 죄와 죽음"이라는 순환논리(약 4:1-4)와 함께하는 합리화와

자기 정당화의 과정을 거쳐 그가 원하는 대상을 얻을 수 있다고 자신을 속인다(갈 6:7).

“새 사람”을 입었을 때 의복이 바뀜에 따라 19가지 변화가 따르게 된다. 그것은 다음과 같다.

1. 『**그러므로 거짓을 버리고 각자 자기의 이웃과 더불어 진리를 말하라**』(25절). 그리스도인은 거짓을 벗어 버려야 한다. 이 구절은 별다른 설명이 필요 없다(롬 12:5, 슥 8:16). 우리는 동일한 몸의 지체들이다. 본문의 “이웃”이란 말은 “그리스도 안에” 있는 다른 그리스도인을 가리킨다. 하나님께 거짓말하는 것은 “형제들”(행 5장)에게 거짓말하는 것보다 악한 행동이다. 그러나 많은 그리스도인들이 기도할 때 그런 죄를 범한다. 항상 정직하다는 것은 극도로 어려운 일이다. 이 사실을 인정하지 않는 그리스도인은 어떤 의미에서 스스로 거짓말하는 자이다.

풍자, 빈정대는 말, 뉘앙스, 숨은 의미 등이 오늘날의 일상 대화에서 빈번하게 사용된다. 언젠가 도쿄의 기차역에서 두 명의 일본인 세일즈맨이 대화한 내용이 생각난다.

A : “자네는 오늘 어디로 가서 판매할 것인가?”

B : “고베로 갈 것이네.”

A : “야! 이 더러운 거짓말쟁이야! 네가 나에게 고베라고 말하면 내가 오사카라고 생각할 줄 알았지. 그러나 나도 이번 주 내내 곰곰이 생각해 봤단 말이야. 나는 네가 정말 고베로 갈 것을 알아! 어디 나를 속이려고 들어!”

현대의 그리스도인은 늘 거짓말을 한다. “나는 주님이 인도하신다는 것을 느꼈어." "당신이 기도할 때에 우리를 기억해 줘요." "지난 주 주일학교에 500명이나 모였어." [이것은 사실 "나는 그것을 하고 싶어." "우리는 돈이 필요해요." "주일학교에 400명이 모였어."라는 말이다.] 대부분의 여자들은 나이가 들면서 지독한 거짓말쟁이가 된다. 누군가가 적절하게 말하기를 "여자의 일생에서 가장 긴 기간은 25세에서 35세 사이이다," 또는 "여자에게 있어서 최고의 10년은 30세에서 31세 사이이다."라고 했다. 꽤나 철저하게 거짓말을 멀리하는 여자도 짙은 갈색의 머리를 가지고 금발머리라고 말하곤 한다. [남자들도 이것과 크게 다를 바 없다.]

가장 지독한 거짓말쟁이는 성경 개정자들과 헬라어 학자들이다. 세상에서 내로라하는 거짓말쟁이들도 웨스트코트, 홀트, 라잇풋, 쉐프, 산데이, 트렌취, F.F 브루스, 알포드, 파라, 래취만, 티쉔돌프, 오리겐, 유세비우스, C.H. 도드를 쫓아가려면 한참 멀었다. 최초의 비평가도 하나님의 말씀의 권위에 의심을 품게 만들고 나서야(창 3:1), 거짓말을 해댔다(창 3:1-4).

2. 『**진리를 말하라**』(25절). 그리스도인은 진리를 말해야 한다.

3. 『**화를 내되 죄는 짓지 말고**』(26절). 본문의 사실이 예수 그리스도의 생애에서도 분명하게 제시되는데(마 21:12, 막 3:5), 밥 존스 대학에 의해 추천되는 변개된 NASV(1960)와 ASV(1901)는 마태복음 5:22에서 예수회 사제(림즈, 1582)가 만든 로마카톨릭 성경을 따름으로 에베소서 4:26만 부인하는 것이 아니라, 예수 그리스도를 죄인으로 만들고 말았다. 그러나 더욱 놀라운 사실은 이러한 신성모독적인 행위들이 "근본주의 학교"의 헬라어 교수진들에게는 아무렇지도 않게 여겨졌다는 점이다.

그리스도인은 어느 때에는 화를 내야 한다(딛 1:13, 마 23:25, 고후 13:2). 그러나 그가 화를 낼 때에도 죄를 짓지는 말아야 하는데, 이는 "성내는 것이 어리석은 자의 품에 머무름"(전 7:9)이며 "사람의 성내는 것이 하나님의 의를 이루지 못함"(약 1:20)이기 때문이다. 예수님이 화를 내신 유일한 대상은 죄였으며, 예수님이 화를 내신 유일한 사람들은 그 당시 에큐메니칼 공회의 종교 지도자들이었다. 예수님께서 창녀들(요 4:4-20)과 거지들(막 10:52)에게 하셨던 말씀은 그가 율법박사들과 랍비들에게 하셨던 말씀(마 23:3-30)보다 더 사랑이 넘쳤다.

4. 『**해가 지도록 분노를 품지 말며**』(26절). "잠자리에 들 때까지"라는 <필립스 역본>은 지나치게 간 것이다. <리빙 레터즈>나 <필립스 역본>은 성경에 대한 주석서가 될 수 있을지는 몰라도 성경 그 자체와는 아무런 상관이 없는 책들이다.

12시간은 누구에게든지 화내기에 충분히 긴 시간이다. 여러분이 계속해서 화를 낸다면 잠을 자지 못할 것이다. 계속해서 원망을 품고 있으면(레 19:18) 위궤양에 걸릴 것이다. 또한 여러분이 그리스도의 심판석에 섰을 때 곤란을 겪을 것이다(마 18:18, 딤전 5:25). 그러므로 해가 지도록 분노를 품지 말라.

5. 『**마귀에게 틈을 주지 말라**』(27절). 만일 여러분이 계속해서 원망을 품고 있으면 마귀에게 틈을 주는 것이다(고후 2:10,11 참조). 마귀는 그것을 이용하고, 균형을 잃기까지 그것을 확대시켜(왕상 21:1-5) 살인(삼하 18,19장)이나 그와 비슷한 악한 일(창 37장)로 결말을 맺게 한다.

6. 『**도둑질하는 자는 더 이상 도둑질하지 못하게 하고**』(28절). 이것이 "새 사람"과 함께 오는 여섯 번째 훈계이다.

7. 『**오히려 일하게 하라. 그가 손수 선한 일을 하여 궁핍한 자를 구제할 수 있게 하라**』(28절). 모든 것이 명백하다. 성경은 사람들에게

도둑질하게 만드는 것이 아니라(출 20:15) 일하게 만든다(살후 3:10). [<피터 럭크만의 주석서 출애굽기>, 20:15의 주석을 참조하라.] 일주일에 20시간도 일하지 않는 레닌, 호프만, 트로츠키, 랩 브라운, 마르크스와 같은 건달들이 노동자들에게 단결하라고 말한다는 것은 주제 넘는 짓이다. 그들이 노동자들과 농부들에게 어떤 종류의 경제 방식이 나을 것이라고 말하는 것은 그들이 파바로티에게 어떻게 목소리를 가다듬는지에 대해 말하는 것보다 더 주제 넘는 행동이다.

진정한 그리스도인은 그 자신의 집을 위해서 필요한 것들을 준비하는 것을 넘어 "궁핍한 자를 구제"할 수 있도록 일을 한다(28절). 신약의 말씀을 순종하는 그리스도인들이라면 러시아나 중공의 공산주의자들보다 더 아름다운 유토피아 공산주의를 보여 줄 수 있다(행 2-4장 참조).

8. 『**너희 입에서 어떠한 더러운 말도 나오지 아니하게 하고**』(29절). 여덟 번째 훈계는 "더러운 말"과 반대되며, 나머지 절반은 긍정적인 것(아홉 번째 훈계)으로 듣는 자들에게 은혜를 끼치게 한다.

"더러운 말"은 루머와 중상모략, 더러운 농담, 또 "어리석은 말이나 농담"(5:4), 더럽고 불결하며 무례하고 음란한 모든 말들을 포함한다. 본문은 "정중한 말과 그럴듯한 언변"(롬 16:18, good words and fair speech)을 하라는 의미가 아니다. 이러한 말들은 사람들의 마음을 미혹하려는 자들의 전형적인 특징에 불과하다. "더러운"(corrupt)이란 말은 <킹제임스성경>을 비평하는 자들에게 적합한 단어이며, 이 말은 하나님의 말씀을 자신의 생각이나 주관으로 바꾸는 일들과 연관된다. 여러 번 반복되지만 이 시대의 일류 학자들과 주석가들, 신학자들, 성경 개정자들, 필사본 연구가들은 모두 그 마음이 부패하여 하나님의 말씀을 변개시키는 "더러운 말"을 자랑스럽게 해댄다. 그들은 변개된 책을 가지고 성경이라 부름으로써 빌리 선데이, J. 프랭크 노리스, 디한 박사, 밥 존스 시니어, 모르드캐 햄, 데이비드 리빙스턴, 조나단 고포스, 집시 스미스, 샘 존스, 찰스 G. 피니, 조지 휫필드, 데이비드 브레이너드의 성경을 더럽혔다. [데이비드 오티스 풀러의 <어떤 성경인가?, Which Bible?>, p.223 참조]

<킹제임스성경>(1611)은 성경 변개나 부패, 더러운 말과 전혀 관련 없다. 그러나 1880년부터 현재까지 출판된 "성경들"과 이 성경을 바꾼 사람들은 속속들이 변개된 책들을 가지게 된 것이다.

1961년에 나는 조지아 주에서 81세 된 늙은 할아버지 한 분을 만난 적이 있다. 그는 시골 농장에서 태어나 순진하고 정직하게 자라났다. 그는 15살 때 부흥회 도중 죄에 대해 깊이 찔림을 받아 거의 예수 그리스도를 믿게 되었다. 그러나 그는 이 기간 동안 성경대로 믿는 목사가 그의 생애 동안 한 번도 들어본 적이 없는 더러운 농담을 하는 것을 듣게 되었다. 그는 곧 모든 확신을 잃게 되었고, 66년간 떠나 버리게 된 것이었다. 81세 때 그는 내 설교를 듣고 15살 때 그의 마음을 건드렸던 그 죄의 찔림을 느끼게 되었고, 초청 시간에 앞으로 나와 예수님을 영접하게 되었다.

9. 『**오직** *서로를* **세우는 데 필요한 좋은 것만을 말하여, 듣는 자들에게 은혜를 끼치게 하라**』(29절, 엡 5:3,4 주석 참조).

10. 『하나님**의 거룩한** 영**을 슬프게 하지 말라. 너희가 그로 인해 구속의 날까지 인치심을 받았느니라**』(30절, 1:13,14 참조).

성령께서는 인격이시기 때문에(요 16:13), 그분을 슬프게 하거나, 거역하거나(행 7:51), 그분께 거짓말할 수 있다(행 5:3). 구원받지 못한 죄인이 멸망의 날까지 인치심을 받은 것처럼(벧후 2:9), 그리스도인은 "구속의 날"까지 인치심을 받았다. 보호하시는 분이 그 날에 인치신 것을 여실 것이다(시 97:10). 그리스도 안에서 성도들의 견인은 아무런 문제도 되지 않는다. 하나님께서 그를 보호하신다(고전 1:7-9). "구속의 날까지"를 "그 날을 위해"(for the day)로 변개시키는 것(NEB, RSV, <확대역본>)은 아무런 의미도 없으며 단지 혼란만 가중시킬 뿐이다.

성령께서는 어리석은 말, 농담, 죄와 불결함, 모든 불의, 거짓말, 빈둥거림, 과장, 자기 연민, 무관심, 감사하지 않음, 열매가 없음(갈 5:22 주석 참조), 불평, 투덜거림, 인색함, 질투, 거짓 고소, 믿음의 부족, 진리의 변개, 증거하길 거부함, 하나님께 찬양드리지 않음, 염려 등으로 인해 슬퍼하신다. 바울과 존 웨슬리는 아마 이 세상에 살았던 그 누구보다 성령님을 덜 슬프게 하였던 사람들일 것이다(갈 5:16 주석 참조).

"구속의 날"은 "그리스도의 날"(고전 1:8, 딤후 4:8, 살후 2:2, 고전 4:5 참조)이다. 이 날은 "주의 날"이 아니며, 성경대로 믿는 사람들은 <복된 소망, The Blessed Hope>(조지 래드, 1956, pp.92,93)과 같이 "그리스도의 날"과 "주의 날"을 같은 것으로 오도하는 그런 책들에 결코 속지 않는다. "하나님"은 "하늘"이 아니시며, 왕국은 왕의 권능과 다르고(RSV, 눅 23:42), "주"는 "그리스도"가 아니다. [래드(Ladd)는 F.F. 브루스(<왕국의 복음, The Gospel of the Kingdom>)처럼 단순히 에베소서 4:14의 예언을 이루었을 뿐이다.]

11-16. 『**모든 신랄함과 분개와 분노와 고함지르는 것과 욕설을 모든 악의와 함께 너희로부터 버리라**』(31절). 그리스도인이 벗어야 할 여섯 가지 훈계들이 뒤따르고 있다. 그리스도인이 벗어야 할 여섯 가지 항목은 "신랄함, 분개, 분노, 고함지르는 것, 욕설, 모든 악의"이다.

분노(anger)는 잔인한 것이며, 분개(wrath)는 사나운 것이다(잠 27:4). 신랄함은 죄이며(히 12:15), 고함지르는 것은 육신의 일들 중 하나이다. 욕설은 에베소서 4:29에 반대되며, 악의는 옛 생활의 일부이다(딛 3:3).

[본문의 용어들에 조명을 주는 관련 구절들은 사도행전 8:23, 로마서 3:14, 야고보서 3:11, 요한계시록 16:19, 마가복음 3:28, 디모데전서 6:4, 골로새서 3:8이다.] 악의는 자세이며, 고함지르는 것은 분개와 분노의 결과이다. 욕설은 신랄함을 야기한다. 신랄함은 분개와 분노를 흥분시킨다. [1612년부터 지금까지 헬라어 학자들이 제안한 어떤 것도 본문을 향상시키지 못했다.]

17. 『**너희는 서로 친절하고**』(32절).

18. 『**다정다감하며**』(32절).

19. 『**서로 용서하되**』(32절).

가장 쉬운 일을 하는 것이 때론 가장 어려운 법이다. 인격적인 상처와 모욕은 간과하고, 잊고, 용납하고, 무시해야 한다(골 3:13, 벧전 2:21-23). 명예를 훼손당하거나 욕을 먹었을 때 보복하거나 되돌려 갚겠다는 생각은 인간의 옛 성품의 일부이다. 본문의 말씀은 하나님의 말씀을 공격하고 비평하는 자들에게 온유하게 대하라는 말이 아니다(딛 1:10-12, 딤전 1:20, 마 16:23, 행 5:1-8). 이것은 개인을 위하여 너희를 다루시는 개인적인 말씀이다(출 20:13의 명령처럼).

"하나님께서 그리스도를 용서하신 것같이"라는 사실의 관점에서 우리는 "서로 용서"할 수 있다. 그러나 많은 그리스도인들이 15살이 되기 이전에 구원받았기 때문에 하나님께서 실제적으로 나쁜 것들에 대해 그들을 용서하셨다는 확신을 가지기는 힘들다. 더구나 이 양육되고 훈련된 그리스도인들이 가끔 성경적인 가르침에 대항하는 악한 원수가 되기도 한다. 그들은 수십 년간 원한을 품기도 하고, 그들의 자녀에게 대물림하기도 한다. 존 뉴턴("놀라우신 은혜")이나 멜 트로터 같은 사람은 어려서부터 주일학교에서 양육되어 학교 성적표에 대해 거짓말한 것 외에는 별로 죄 지은 것이 생각나지 않는 사람보다 훨씬 쉽게 32절의 훈계들에 순종할 수 있다. 이것은 분명히 예수 그리스도에 따르면 절대무오한 진리이다(눅 7:47).

나는 18년 전에 조지아 주에서 있었던 일을 생생하게 기억하고 있다. 내가 그리스도인 부부와* 함께 저녁 식사를 하고 있을 때 8살 난 그들의 아들이 얼굴이 빨개져 가지고 숨이 턱에 차도록 달려왔다. 그의 어머니가 그를 앉히고 얘기를 들은즉, 그의 누나(12살)가 그와 말다툼을 한 뒤 그를 때렸다는 것이다. 어머니가 그에게 부드럽게 "그러나 얘야, 우리가 어젯밤에 함께 배웠던 '너희는 서로 친절하고, 다정다감하며, 서로 용서하되'라는 말씀이 기억나지 않니?"라고 말했다. 그러자 그 소년이 말을 가로채며 울먹거리며 말하기를 "엄마, 저도 '서로 친절하고'라는 말씀처럼 노력했지만, 누나가 그렇게 하지 않아요!"라고 했다.

학자들은 19가지 항목들에(25-32절) 다양한 변개들을 시도하지만, 그들은 여전히 아무것에도 기여하지 못한 채 혼란만 가중시킬 따름이다. 그들이 본문에서 뜯어고쳐야 한다고 제안한 것들을 세어보면 70여 개에 이른다. 가장 현명한 행동은 (항상) 본문의 의미를 혼란시키는 현대 역본들을 내려놓고 온전하신 하나님의 말씀인 <킹제임스성경>을 보는 것이다.

에베소서 5장

5:1 그러므로 너희는 사랑받는 자녀들로서 하나님을 따르는 자가
되라.
2 그리스도께서 우리를 사랑하시어 우리를 위하여 자신을 하나님
앞에 향기로운 냄새를 내는 제물과 희생으로 드린 것같이 너희
도 사랑 안에서 행하라.
3 음행과 온갖 더러운 것과 탐욕은 너희 가운데서 이름조차 부르
지 말라. 이것이 성도들에게 합당하니라.
4 또 음탕함과 어리석은 말이나 농담은 성도에게 합당치 아니하
니 오히려 감사를 표하라.
5 너희가 이것을 알거니와 음행하는 자나 더러운 자나 욕심 많은
자, 곧 우상 숭배자는 누구든지 하나님과 그리스도의 왕국에서
상속받을 것이 없느니라.
6 아무도 너희를 헛된 말들로 속이지 못하게 하라. 이는 이런 일

들 때문에 하나님의 **진노가 불순종의 자녀들 위에 임하기 때문이니라**.

7 **그러므로 너희는 그들에게 동참하는 자들이 되지 말라**.

『하나님을 **따르는 자가 되라**』(1절). 거의 모든 새로운 역본들은 로마카톨릭의 <조합성경>(1941)을 따라서 이 『따르는 자』(1절, followers)를 "모방하는 자"(imitators)로 바꾸어 버렸다. 토마스 아 캠피스의 <그리스도를 본받아>와 같은 유형의 일들이 ASV나 RSV보다 더 솔직하게 자유주의 신학을 보여 주는 NEB에서 분명하게 나타난다. NEB는 우리가 하나님과 "같이"(like) 되려고 노력해야 한다고 말한다(<현대인을 위한 기쁜 소식>도 마찬가지다). <필립스 역본>도 우리는 하나님을 "모방"(copy)해야 한다고 제안하며, <확대역본>은 (RV, ASV, RSV, NASV, <새 예루살렘 성경>, 케네스 웨스트의 <확장역본> 등 변개된 성경들과 함께) 우리가 "모방하는 자"(imitators)가 되어야 한다고 제안한다.

그러나 이들의 공통점은 <킹제임스성경>을 싫어하며 그것을 참을 수 없어 하는 마음이다. "모방하는 자"라는 말은 흉내만 내는 가짜를 가리킨다. 이 가짜 성경들(RV, ASV, RSV, NASV 등)은 참된 성경이 아니다. 가짜 교회(계 17장)는 그리스도의 몸이 아니다. 가짜 사도들(고후 11:11-14)은 사실 마귀의 종들이다. 이 세상에서 하나님을 가장 많이 모방했던 인물은 바로 사탄임을 명심하라(<짐승의 표>, 말씀보존학회, 3,4장 참조).

우리는 하나님을 따라야 하고(본문), 바울을 따라야 하지만(고전 11:1), 우리는 아무도 "모방"해서는 안 된다. 우리는 하나님께서 용서하셨다는 의미에서 하나님을 따라야 하고(엡 4:32), 그리스도께서 받으신 고난을 본

받아 그리스도를 따라야 하며(벧전 2:21), 증거하는 일에 있어서는 바울을 따라야 한다(고전 11:1).

우리는 아무도 모방하는 사람이 아니다. 모방하는 자들은 가짜 성경을 가지고 가짜 구주를 섬기며 가짜 기독교를 만들어놓고 위장한 로마카톨릭과 자유주의자들이다.

여러분은 1800년대부터 시중에서 판매되는 대부분의 역본들을 에베소서 5:1을 보고 판단할 수 있으며, 무시할 수 있다. "모방하다"와 "따르다" 두 단어가 함께 주어졌을 때 "모방하다"를 선택하는 자들은 그들이 가짜 그리스도인임을 보여 주는 것이다.

『**너희도 사랑 안에서 행하라**』(2절). 본문에서 "walk"(행하라)이 동사로 쓰이고 있다. 우리가 행할 때, 우리는 누군가를 따르는 것이다. 우리가 진짜를 위조하려는 자들이 아닌 이상 우리는 누군가를 모방하는 것이 아니다. 토마스 아 캠피스의 <그리스도를 본받아>(Imitation of Christ)는 카톨릭과 자유주의자들에게는 인기 있을지 몰라도 성경대로 믿는 그리스도인은 본받거나 모방하는 자들이 아니기 때문에 관심을 갖지 않는다. 모방은 흔해 빠진 것들이다. [한글개역판은 본문에서 "본받는 자가 되고"라고 번역하여 "모방"(imitation)이라는 그들의 숨은 의도를 감추고자 한다.]

『하나님 **앞에 향기로운 냄새를 내는 제물과 희생**』(2절, 고후 2:14,15). 하나님께서는 이 희생을 기뻐하신다. 이것은 희생제사(히 10:8-12)를 말하는 것이지, 순교자의 죽음을 말하는 것이 아니다. 하나님께서는 노아의 희생을 받으셨듯이(창 9장), 아벨의 희생을 받으셨듯이(창 4장) 이 희생을 받으셨다. 물론 이 희생은 아벨의 피보다 더욱 좋은 것을 말한다(히 12:24). 우리는 NASV나 로마카톨릭 성경이 말하는 것처럼 그리스도의 사랑을 모방하는 것이 아니며, 성령의 열매로서 사랑을 맺는 것이다(갈 5:22 주석 참조). 모방하는 열매들은 흔해 빠진 것들이다. 여러분은 죽은 나무에다 오렌지나 사과를 달아 놓아 그것이 열매인 것처럼 보이게 할 수 있다. 그러나 그 나무는 실제로 열매를 맺은 것이 아니다. [만일 아직도 에베소서 5:1에서 "모방"이 올바른 번역이라고 주장할 정도로 어리석은 사람이 있다면, 그는 <뉴스코필드성경>을 <킹제임스성경>이라고 할 만큼 어리석은 자이다.]

『**음행과 온갖 더러운 것과 탐욕은 너희 가운데서 이름조차 부르지 말라**』(3절). 1881년의 변개된 <예수회 성경>을 따라 래취만, 티쉔돌프, 트레겔레스, 웨스트코트, 홀트, 케네스 웨스트는 "모든"(헬라어 "*파사*")을 "더러운 것" 다음에 두었다. 그러면서도 이들은 그것에 대한 필사본 증거들은 하나도 제시하지 않는다(3번 현상).

성도들은 분명하게 악한 일들을 행하지 말 것에 대해서만 권고받는 것이 아니라, 더 나아가 그것들을 논의하지도 말 것을 권고받는다.

세 가지 금지된 일들은 "음행"(5절의 "음행하는 자"와 관련 있는), "더러운 것"(5절의 "더러운 자"와 관련 있는), "탐욕"(5절의 "우상 숭배자"와 관련 있는, 골 3:5 참조)이다. 이 세 가지 죄들은 세 부류의 사람들과 관련 있을 뿐 아니라, 세 가지 대화와도 관련 있다.

1. "음탕함"(4절)은 음행하는 자와 관련 있다.

2. "어리석은 말"(4절)은 더러운 자와 관련 있다.

3. "농담"(4절)은 우상 숭배자와 관련 있다.

주님께서는 가끔 비꼬아 말씀하시기도 하고(암 4:4), 날카로운 풍자(말 3:15)로 말씀하실 때도 있다. 더욱이 주님께서는 고의로 과장하시며(막 13:22, 마 19:24, 눅 18:25), 종종 삼가서 말씀하시기도 한다(행 19:23). 또한 성경은 여러 번에 걸쳐 재미있는 상황들을 보여 주고 있다(창 27:22; 31:48,49, 삼상 15:13,14, 요 13:4-6, 눅 19:4, 약 1:23,24 등). 예수님께서도 여러 번 비꼬아서 말씀하셨다(마 5:15; 6:26; 7:9,10,15,16; 16:3, 눅 10:21). 성별된 의미에서 유머는 모든 그리스도인들, 특히 목사나 사도에게(행 16:37 참조) 중요한 장점이 된다.

그러나 본문에서 말하는 "어리석은 말"이나 "농담"은 아주 경박하고 진부한 종류의 대화를 말한다. 이것은 핵심이 없는 상스러운 말, 저속한 농담, 경박한 조롱, 품위 없는 것들을 가리킨다. 아무것도 아니고 단지 더럽고, 어리석으며, 바보 같고, 경박한 말들로 이루어진 대화들이 있는데, 그것은 아무도 세워 주지 못한다. 웃음은 인생에서 어려운 길들을 지나갈 때 가끔씩 필요한 것이지만(잠 17:22), 단지 웃기 위해 웃는 것이라면 그것은 또 다른 이야기이다. 모든 TV 코미디언들의 유머는 "어리석은 말"이나 "농담"에 불과하다. 어떤 사람이 유명한 코미디언에게 단지 남을 웃기기 위한 것이 인생의 목적인지를 물어보았다. 그러자 그가 대답하기를 "나에게는 더 심오한 목표가 있다."라고 했다. 그것이 무엇인지를 다시 묻자, 그 코미디언은 대답하기를 "나는 항상 전기 프라이팬에다 달걀을 깨뜨리고 싶다."라고 했다. 이들은 참된 유머와 위트를 알지 못한다. 샘 존스, 드와이트 L. 무디, 빌리 선데이는 모두 하나님의 영광을 위해 참된 위트를 쓸 줄 알았다.

거의 모든 농담은 더러운 농담들이다. 누구든지 부패된 옛 사람의 타락시키는 능력을 경험하고자 하는 자는 수 년 동안의 여러 코미디언들에게 귀 기울이면 된다. 현대의 코미디는 대부분 비속하고 천하고 음란한 말들의 나열에 불과하며, 과거보다 그 정도가 훨씬 심하다.

이러한 말들은 마치 과격 좌파 학생운동이나 극우 테러 단체의 지도자들의 말이 성도들에게 어울리지 않듯이 성도들에게 어울리지 않으며, 고린도전서 6:12의 의심스러운 것들보다 더 합당하지 않다(4절). 감사를 표하는 것(4절)은 항상 성도들에게 합당한 것이며, 적절한 것이다. 감사를 표하는 것은 목적 없는 말들(결국은 비속하고 천하고 음란한 말들로 이어지는)의 해독제이다.

『너희가 이것을 알거니와... 누구든지 하나님**과** 그리스도**의 왕국에서 상속받을 것이 없느니라**』(5절, 갈 5:21 주석 참조). 윌리엄스는 이 구절을 카톨릭 교리와 완전히 뒤섞어 놓았다. 이슬람교와 카톨릭은 군인들에게 만일 자기 나라를 위해 싸우다 전사하면 자동으로 하늘나라에 가는 여권을 얻는다고 가르친다. 반대로 여러분이 위에 언급된 악들을 행한다면(히 12:16,17) 하나님의 나라에 가는 여권을 얻지 못한다고 가르친다. 탐욕은 음행, 부도덕, 악덕, 악한 색욕과 함께 분류된다. 탐욕은 이 세상에서 천국을 건설하려는 자들과 관련 있다. 성경에서는 단 한 번도 주 예수 그리스도의 재림을 제외하고 "이 땅에 평화가 임할 것"에 대해 기도하지 않는다. "모든 곳에서 모든 사람들을 위한" 평화와 번영을 욕심내는 자들은 "우상 숭배자"이다. 여러분은 참 하나님(요일 5:20) 앞에 다른 신들을 있게 하지 말지니라(출 20장)는 말을 들었을 것이다. "나쁜 신들"이 아니라, "다른 신들"이 없다고 말씀하셨다(마 22:37). 평화와 번영은 (섹스와 교육과 함께) 하나의 세계를 만들려는 모든 자들을 인도하는 신이 되어 버렸다.

『**아무도 너희를 헛된 말들로 속이지 못하게 하라**』(6절). "많은 거짓 선지자"가 일어나서(마 24:11) "많은 사람"을 미혹하고, 많은 사람들이 그들을 따르게 될 것이므로(마 24:10), "많은 사람들"이 속을 것이다(마 24:24).

『하나님**의 진노가 불순종의 자녀들 위에 임하기 때문이니라**』(6절, 엡 2:2 주석 참조). 하나님의 진노가(NEB처럼 무서운 심판이 아니라) 욕심 많고, 음행하며, 음탕한 생활을 하는(갈 6:7) 구원받지 못한 자들에게 임하여 있다. 조 플래처, 보건 복지부, 교육협회, 프로이드가 하는 말들은 중요하지 않으며(갈 6:7), 그들은 디모데후서 3:13의 사기꾼같이 오랫동안 다른 사람들을 속여서 결국 자기 최면에 빠져 있다. 그러므로 그들의 견해는 아프리카의 부시맨이 컴퓨터에 관해 말한 것만큼이나 무시해도 좋다. 다음 구절에서 경고가 나온다.

『**그러므로 너희는 그들에게 동참하는 자들이 되지 말라**』(7절). 이 말은 3-5절에 나온 행동들을 그만 둘 뿐 아니라, 그런 일들을 하는 자들이나 여러분이 하나님께서 이 일들을 못 본 체한다고 생각하게 만들고자 애쓰는 자들과 교제하는 것조차 피하라는 것이다. 하나님은 그것들을 못 본 체하지 않으신다(11절 참조).

젊은 세대들에게 하나님께서 그들을 눈감아주신다는 생각을 집어넣기 위해, 교육자들과 과학자들은 다음과 같은 사항들을 제시한다.

1. "사실적인" 소설들의 전체 시리즈는 원인과 결과 대신에 행운을 강조한다. 스테판 크레인, 헨리 제임스, 제임스 존스, 노만 메일러, 모옴, 제임스 볼드윈, 헤밍웨이, 스타인백 등의 작품들이 모두 그렇다.

2. 아무것도 그 자체로 선하거나 나쁜 것이 없음을 입증하기 위해 자신의 일생을 바친 철학자들의 결론은 절대적인 도덕 기준이란 것은 없다는 것이다. 라이프니츠, 샤르트르, 헉슬리, 헤겔, 듀이, 러셀, 프로이드, 스펜서, 니체 등의 작품이 모두 그렇다.

3. 미국의 모든 주립 대학들의 교과 과정들은 하나님의 심판이나 하나님의 전지하심, 하나님에 대한 개인의 책무에 대해 말하는 것조차 거부한다.

4. 다윈의 진화론에 세뇌되어 동물원에서 뛰쳐나온 무리들은 그들의 악행이 단지 자연에 대해서만 책임이 있다고 믿고 있다. 리엘, 팔레이, 헉슬리, 헤겔, 아인슈타인, 콩트, 피체, 홉스, 라마르크, UN 등이 모두 그렇다.

또다시 이들은 반복해서 <킹제임스성경>의 절대권위에 대적하고 있다. 성경은 "하나님의 진노"가 이런 일들을 하는 자들 위에 임하며(6절), "하나님의 진노"가 그리스도를 거부하는 자들(요 3:36) 위에 임하고 있다고 말한다. <킹제임스성경>이 절대무오하다는 결정적이고, 경험적이며, 부인할 수 없는 증거는 바로 이 성경이 수많은 대적들의 빗발치는 공격에도 불구하고 조금도 흔들림 없이 굳게 서 있다는 것이다. 『**그러므로 너희는 그들에게 동참하는 자들이 되지 말라**』(7절).

5:8 너희가 한때는 어두움이었으나 이제는 주 안에서 빛이니 빛의 자녀들로서 행하라.
9 (이는 성령의 열매는 모든 선과 의와 진리 안에 있음이라.)
10 무엇이 주를 기쁘시게 할 것인지 입증하라.
11 열매 없는 어두움의 일들에 관여하지 말고 오히려 그것들을 책망하라.
12 이는 그들이 비밀리에 행한 그런 것들에 대하여는 말하기조차 부끄럽기 때문이라.
13 그러나 책망받는 모든 것이 빛에 의하여 드러나니 무엇이든지 드러나게 하는 것은 빛이니라.
14 그러므로 그가 말씀하시기를 "잠자는 자여 깨어라. 그리고 죽은 자들로부터 일어나라. 그러면 그리스도께서 네게 빛을 주시리라."고 하셨느니라.
15 그러므로 너희가 얼마나 정확히 행하고 있는지 주의하라. 미련한 사람같이 행하지 말고 현명한 사람같이 행하여
16 시간을 사서 얻으라. 이는 그 날들이 악하기 때문이니라.
17 이로 인하여 너희는 어리석게 되지 말고 주의 뜻이 무엇인지 이해하라.
18 술 취하지 말라. 그것은 방탕한 것이니 오직 성령으로 충만하라.

본문은 그리스도인과 그들의 주위에서 늘 만나는 구원받지 않은 자들과의 관계를 다루고 있다. 여기서는 그리스도인의 성별과 성화에 대해 설명

해 놓았으며, 묘지에 누워 있는 죽은 정통주의 배교자들(14절)과 주님의 말씀을 정확히 행하는 그리스도인(15절)과의 차이점을 분명히 보여 준다.

『**너희가 한때는 어두움이었으나**』(8절, 살전 5:1-9 참조). 에베소서 2:11은 이 표현을 정의해 주며, 요한복음 1:1-10에서도 부연하여 설명해 준다. 『**이제는 주 안에서 빛이니**』(8절, 살전 5:5, 롬 13:12 참조). 『**빛의 자녀들로서 행하라**』(8절)는 6절의 "불순종의 자녀들"과 대조된다.

"빛의 자녀들"이란 말은 다음과 같은 것들을 암시한다.

1. 세상의 빛은 예수 그리스도이시다.
2. 하나님의 말씀은 빛이다.
3. 이 자녀들은 빛으로 태어났다.
4. 사람은 말씀으로, 주 예수 그리스도로 다시 태어난다.
5. 이 일이 일어날 수 있기 전에 사람은 영적인 빛을 받아야만 한다.
6. 그렇게 태어난 사람은 그의 새로운 탄생 이후에 빛을 사랑해야만 한다.
7. 그렇게 태어난 사람은 빛을 따라야 하며, 빛 안에서 행해야 한다.

그리스도인이 가야 할 도성에는 전혀 어두움이 없다(계 21:25). 그러므로 그는 어두움보다 빛을 사랑해야 한다(요 3:19,20). [제미에슨, 포셋, 브라운, 윌리엄스는 이 부분에서는 다소 성경적인 주석을 달아 놓았다.] 본문의 "빛의 자녀들"을 변개된 필사본에서나 언급되는 외경적인 "빛의 아들들"이나 "어두움의 아들들"과 혼동해서는 안 된다.

『**(이는 성령의 열매는 모든 선과**』(9절). 본문은 왜 1절에서 "모방하는 자"나 "본받는 자"가 될 수 없는 지를 명백히 보여 준다. 아무도 어떤 것을 모방함으로 열매를 맺을 수 없다. 당신이 주님을 따르고(1절) 빛 안에서 행할 때(8절), 열매를 맺는다. 그러나 에베소서 5:1을 "본받는 자"(imitators)로 변개시킨 배교자들은 아무 열매도 맺지 못하며, 결코 "성령의 열매"(9절)를 맺지 못한다. 열매는 아무도 흉내낼 수 없기에, 성경은 "그 열매들을 보고 나무들을 알게 되리라"(마 7:20)고 말하고 있다. <웨이마우스 역본>, <모펫 역본>, <굿스피드 역본>, <버클리 역본>, <필립스 역본>, <뉴 예루살렘 역본>, RV, ASV, RSV, NASV, NEB, <펜톤 역본>, <람사 역본> 등의 열매는 다음과 같다.

1. 성경의 권위에 대한 믿음 결핍
2. 성경에 대한 신뢰 결핍
3. 많은 성경 교리들에 대한 무관심
4. 성경적 기독교의 포기
5. 로마카톨릭과 공산주의로의 대대적인 회귀
6. 자신이 하는 말이 이적 행위인지를 알지 못하는 설교자들("이것은 원본이 아니라 믿을 만한 번역본입니다.")

『**무엇이 주를 기쁘시게 할 것인지 입증하라**』(10절). 어떤 번역본이든지 다 주를 기쁘시게 하는 것은 아니다. 번역본들 35개를 결합하여도 <킹제임스성경>을 대치할 수 없다는 사실은 주님으로부터 나온 적절한 경고이다. 주님께서는 자신의 권위 있는 말씀을 학자들의 임의대로 변개시킨 그 번역본들이 악취를 풍긴다고 생각하신다. "희망은 인간의 가슴 속에서 영원히 솟아오른다."는 자세는 다윈과 후천년주의자들이 취했던 동일한 자세이다. 그 번역본들은 마귀를 기쁘게 할지는 몰라도, 결코 하나님을 기쁘시게 할 수 없다. 새로운 번역본들은 마귀를 기쁘게 하며, 마귀는 기꺼이 그 변개된 성경들을 사용하는 것이다.

『**무엇이 주를 기쁘시게 할 것인지**』(10절). 주님께서는 항상 이 같은 구절 근처에다 죽은 정통주의 배교자들과 그들의 친구인 로마카톨릭이 말씀에 걸려 넘어지도록 만드신다(벧전 2:8). 그러므로 독자들은 문맥의 구성에 주의해야 한다. 하나님께서는 빛의 자녀들이 불순종의 자녀들로부터 성별할 것을 말씀하시며, 그들 사이에는 어떤 교제도 있을 수 없음을 말씀하신다. 이 훈계들을 순종할 때 성도 안에 있는 성령께서 열매를 맺으실 수 있다(고후 6:14 참조). 1880년 이후에 나온 모든 번역본들은 열매 없는 어두움의 일들에 관여했으며(11절), 7절의 명령을 범하였다.

여러분이 9절에서 "성령"이란 단어가 새로운 역본들에서 삭제되고 "포토스"(빛)란 단어가 삽입된 것을 발견한다면 놀라고 말 것이다. (어쩌면 그리 크게 놀라지 않을지도 모르겠다.) 그들은 가장 오래된 필사본인 파피루스 46을 무시한 것이다(2번 현상).

"빛의 열매"는 바울적인 표현이 아니다. 그것은 바울의 문체도 아니다. 과학적인 현대 학자들은 저자의 문체에 대해 조금도 주저하지 않고 거짓말을 한다. 신구약 어느 곳에도 "빛의 열매" 같은 말은 없다. 그 표현은 임의로 조작된 것이며, 성경의 31,000구절이 넘는 곳에서 계시된 어떤 진리와도 결합될 수 없다. 바울로 하여금 이 비성경적이고 바울적이지 않은 표현들을 사용하게 만든 변개자들은 다음과 같다.

1. RV(1881)

2. ASV(1901)
3. NASV(1960)
4. RSV(1946)
5. <필립스 역본>(1958)
6. NEB(1961)
7. <예수회 성경>(1582)
8. 로마카톨릭 <조합성경>(1941)
9. 윌리엄스(주석서, p.926)
10. 블레이키(<강단의 주석>, 제20권, p.209)
11. 더멜로우
12. 암흑시대의 로마카톨릭 <라틴 벌게이트>

알다시피 1611년 이후에 출간된 어떤 성경도 "거룩한 성경"이 될 수 없다. 1525, 1535, 1539, 1540, 1560, 1562, 1568, 1602년에 나온 영어 성경들은 모두 <킹제임스성경>과 같이 본문 9절이 "성령의 열매"로 되어 있다.

성경은 1800년부터 단 한 번의 개정도 없었다.

새로운 "성경들"은 이집트 알렉산드리아의 오리겐에 의한 로마카톨릭 성경의 "복원"일 뿐이다. 만일 당신의 설교자, 목사, 교수 등이 이 사실을 알지 못한다면, 그는 게으르고 무지하거나 부정직한 것이다. 에베소서에서는 이 세 가지 항목을 죄들로 나열하고 있다.

에베소서의 저자이신 성령을 삭제하고, 그분을 추상적인 중성명사인 "빛"으로 대체시킨 것이다. 새로운 역본들은 이제 성경을 해석하는데 있어 수렁으로 들어가 버린 것이며(13절), 20개의 변개된 성경들은 제각기

15개 정도의 사사로운 해석을 내놓으며 수령에서 벗어나고자 안간힘을 쓰고 있다.

『**열매 없는 어두움의 일들에 관여하지 말고**』(11절). 일들은 그 일꾼과 연관되며(고전 6:9 참조), 그 일들이 책망받으면(11절) 그 일꾼들도 함께 책망받는다(12절).

『**이는 그들이 비밀리에 행한 그런 것들에 대하여는 말하기조차 부끄럽기 때문이라**』(12절). 그리스도인은 "다른 사람들의 죄들"(딤전 5:22)에 동참하지 말아야 한다. "비밀리에 행한 그런 것들"을 책망하고, 그것들을 행하는 자들을 책망할 때 반드시 해야 할 일은 "말하는 것"이다(딤전 5:20).

"책망"(reprove)이란 단어는 1941년 로마카톨릭 성경을 따라 <현대인을 위한 기쁜 소식>, NEB, RSV에서 "폭로"(expose)로 변개되었다. 독자들은 책망하는 주체와 대상이 "일들"(11,13절)임을 인식해야만 한다. 당신은 그것들을 책망하기 위해 "비밀리에 행한 그런 것들"에 대하여 말할 필요가 없다. 사실 당신이 해야 할 모든 것은 빛으로 돌아가는 것이다(요 3:17-19). 침례인 요한은 헤롯이 침상에서 한 행동들에 대해 자세하게 말하지 않고 헤롯을 책망했다(눅 3:19). 실제 설교자의 설교 내용의 문제(딤전 4:1,2)는 어두움의 일들(과 그 일꾼들)에 대한 책망이다. 이것은 에베소서 5:11-13의 주요 주제가 성령의 능력으로 하나님의 말씀을 전파하는 것이나 다른 사람에게 공개적으로 하나님의 말씀을 증거하는 문제임을 의미한다. 이러한 성경 구절들이 나이트클럽이나 로타리클럽의 오찬에서 얼마나 인기가 없는지 인식했는가?

알다시피 모든 주석가들은 "빛"(9절의 "성령" 대신에 삽입한 것)을 가져다가 그리스도의 생애를 모방하는 누군가에게 줘 버렸다. <필립스 역본>은 이 현대적 이론을 완벽하게 말하고 있으며, <위클리프 주석>은 거기에 찬동하고 있다(p.1313). 새로운 "성경들"과 죽은 정통주의 배교자의 주석서들의 요점은 그리스도인들은 어두움의 일들과 일꾼들을 폭로하고 책망하는데 있어 입은 단단히 닫고, 생활로 해야 한다는 것이다. 이것은 "책망"(reprove)이란 단어를 "폭로"(expose)로 변개시킨 이유를 설명해준다.

한 번 변개가 시작된 이상 그 변개는 멈추지 않고 계속된다. 자신들의 주관적인 견해에 성경을 뜯어 맞추고자 하는 시도들은 계속된다. 학자들은 13절 말씀을 다음과 같이 변개시킨다.

1. 만일 어떤 것이 분명히 계시되면, 그것이 빛이 된다(필립스 역본).

2. 비출 수 있는 것은 모두 빛이다(NEB).

3. 빛이 어떤 것을 향하게 되면, 그것은 빛이 되어 빛날 것이다(필립스 역본).

4. 무엇이든 눈에 보이는 것은 빛이다(RSV, 1946). (여보게 박사, 배설물도 마찬가지인가?)

5. 분명하게 하는 모든 것은 빛이다(케네스 웨스트).

6. 뜻을 밝히는 것은 무엇이든 빛이다(올샤우젠).

7. 만일 당신이 드러내게 되면 당신은 빛을 받은 사람이다(벵겔).

8. 당신을 숨김없게 할 수 있는 것은 빛이다(렌돌).

9. 빛은 모든 것을 분명하게 하는 요소이다(강단의 주석).

10. 분명하게 드러내는 모든 것은 빛이다(제미에슨, 포셋, 브라운).

당신은 이제 로마카톨릭 교회가 최소한 15세기 동안 성경은 "이해하기 어려우며," 그래서 올바른 해석을 위해 "성모 교회"로 돌아오라고 가르쳤던 이유를 이해했을 것이다.

하나님께서 레인지, 엘리콧, 클라크, 메이어, 워즈워드, 알포드, 트렌치, 라잇풋처럼 불분명하게 말씀하셨다고 생각하는가? 웨슬리, 휫필드, 테넌트, 웹, 에반스, 리빙스턴, 카트라잇, 모리슨, 컬피퍼, 샘 존스, 밥 존스 시니어, 프랭크 노리스, 모르드캐 햄, 비처, 탈마지, 맥케니, 찰스 피니, 스펄전, 토레이, 무디, 빌리 선데이, 마틴 루터는 본문을 읽을 때 박학한 학자들이 제시한 기막힌 설명을 생각도 하지 못했다. 과연 이 향상된 번역과 설명으로 어떤 부흥이 일어났는가? "종교개혁 성경"이 그리스도를 위해 세상을 각성시켰다면, <필립스 역본>, <모펫 역본>, <웨이마우스 역본>, <굿스피드 역본>, <펜톤 역본>, ASV, NASV는 그리스도를 위해 어떤 부흥을 일으켰는지 보라!

학자들의 엉터리 해석은 따로 제쳐두고, 아브라함, 이삭, 야곱, 베드로, 야고보, 요한, 바울의 주 하나님께서 어떻게 말씀하셨는지 살펴보자.

1. 만일 책망이 어떤 일들을 드러낸다면 그 책망은 빛과 같이 감추어진 것들을 비춘다.

2. 13절의 "빛"은 하나님의 말씀이다. 1800년 이후로 모든 성경 개정자들과 주석가들이 13절의 "whatsoever"(무엇이든지)가 중성임을 무시하였다(헬라어 "*파네로우메논*").

3. 빛은 진리이며(요 17:17), 중성의 진리는 영과 생명(요 6:63)인 말

씀들로 이루어진 하나님의 말씀이다(요 6:68).

그리스도인이 입을 다무는 곳에서 세상의 빛은 그 주위에 빛을 줄 수 있어야 한다. 그러나 본문(13절)에서 그는 그의 입을 열어야만 하며, 그가 입을 열 때 "하나님의 말씀처럼"(벧전 4:11) 말해야 한다.

현대의 번역자들, 주석가들, 성경 개정자들은 모두 <킹제임스성경>을 진지하게 읽지 않았기 때문에, 그들 중 단 한 명도 <킹제임스성경>을 기록된 그대로 읽지 않는다. 이것이 바로 학자들이 본문을 여러 가지 다른 말들로 변개시킨 이유이다.

그리스도는 변개된 성경에 비추시지 않는다. 따라서 그들의 결과는 13절의 "빛"이 살아 계신 말씀에 대한 관련 구절임을 알지 못한 것이다. "그리스도께서 네게 빛을 주시리라."(14절)고 하셨다. 그 빛은 내 손에 들고 있는 바로 그 성경이다(시 119:105).

얼마나 신중하게 성령님께서 말씀의 진리들을 지켜 오셨는지 주목하라. - 『**무엇이 주를 기쁘시게 할 것인지 입증하라**』(10절). 『**주의 뜻이 무엇인지 이해하라**』(17절).

하나님께서 원하시는 것을 알기 위해 사람들은 어디로 달려가야 하는가? 새로운 번역본들로 달려가는 것은 어리석은 짓이다. <킹제임스성경>만이 하나님께서 원하시는 것들을 분명하게 제시한다.

그리스도인은 진리와 빛을 받기 위해 하나님의 말씀을 상고해야만 하며, 그는 그 주위의 어두움에 있는 일들과 일꾼들에게 이 빛을 비추어야 한다. 이 빛은 일들과 일꾼들을 드러내게 할 것이다(요 3:17-20). "자고 있는" 그리스도인(1900년 이후의 모든 학자들 - J.J. 레이, 벤자민 윌킨슨, 데이비드 오티스 풀러, 에드워드 힐즈 등은 예외가 될 수 있다.)이 죽은

(14절) 정통주의 학자들과 함께 누워 있을 때, 주님께서는 그들 위에 덮인 흙을 치우시고 그들이 "최초의 원본"을 찾고자 하는 시도들 속에서는 결코 배울 수 없는 것들을 보여 주신다. 현명한 그리스도인(15절)은 "어리석게"(17절) 행하지 않고, 오히려 정확히 행하며(주의 깊게, 15절) 그의 시간을 현명하게 사용하는데, 이는 그 날들이 악하기 때문이다(16절). [UN, 바티칸, 에큐메니칼 공회, 후천년주의자들이 취하는 낙관적인 견해는 무시하라.]

피터 카트라잇은 본문 11-13절을 어떻게 적용할지 알고 있었다. 켄터키의 시골 댄스파티에서 순회설교자가 어두움의 일들과 일꾼들에 대해서 슐러 잉글리쉬, 게벨라인, 티엠, 웨스트가 발견하지 못한 "조명"을 준다(보통 시골 댄스파티는 헛간에서 열렸다.) 피터가 폭풍우 속에서 운전하던 중에 헛간에 들어갔는데, 그 때 젊은 아가씨 한 명이 그에게 와서 함께 춤을 출 것을 권했다(피터는 청년이었을 때 검은 눈에, 검은 머리를 가진 멋있는 사람이었다.) 그는 그녀의 손을 꽉 붙잡고 매우 큰 소리로 말하였다. "아, 여기서 당신과 같은 젊고 아름다운 아가씨와 춤추는 것은 기쁜 일이겠지만, 먼저 주님의 축복을 찾는 것이 마땅할 것이요."

그 후에 그는 댄스 파티장의 가운데서 무릎을 꿇고 천둥과 같은 큰 소리로 기도하였다. 그의 이러한 태도는 밥 존스, 테네시 템플, 사우이스트, 달라스, 풀러, 비올라, 컬럼비아 성경신학교, 필라델피아, 필즈버리, 유니온 신학교의 교수진들에게 악평을 받을 일이다.

"오, 하나님 이 불쌍하고 지옥에 갈 죄인들에게 자비를 베푸시어..."

그 젊은 아가씨는 낚시에 걸린 뱀장어처럼 필사적으로 빠져 나가려고 했지만 소용이 없었다. 춤을 추는 것도 멈추고, 음악도 멈췄다. 악사들 중

몇 명은 너무나 놀라 악기를 떨어뜨리고 도망가 버렸다. 말로만 믿는다고 하는 그리스도인들은 그들의 성경을 찾는 시늉을 하며 두리번거리기 시작했다. 피터 카트라잇은 바닥에서 일어나 40분간 설교를 하였다. 14명의 사람이 구원을 받았고, 그 헛간에 교회가 세워졌다. [이것이 바로 11-13절이 의미하는 것이다. 그 외에 다른 해석들은 전혀 쓸데없는 것들이다.]

14절은 고린도전서 15:34처럼 "허물과 죄로 죽은" 죄인들이 아니라 죽은 그리스도인을 말하고 있다. 죽은 그리스도인의 특징은 과학, 철학, 학문, 헬라어, 교육, 전통에 대해 강한 믿음을 갖고 있으며, 아무 열매도 없다는 것이다. 본문은 그들에게 깨어날 것을 명령하고 있다(14절). 그렇게 하지 않으면 그들은 완전히 실패하고 말 것이다(16절, 갈 1:4, 롬 13:11, 골 4:5).

14절의 문맥은 이사야 60:1을 인용한 것이다. 여기서 독자들은 바울이 선지서들을 그리스도의 몸에 적용하는 데 주저하지 않는다는 사실을 다시 확인할 수 있다. 이것은 극단적 세대주의자들(벌링거, 스탬, 베이커, 오헤어)이 바울이나 바울의 가르침을 따른 자들이 아님을 스스로 입증하기에 충분한 구절이다. 그들이 입버릇처럼 말하는 "현재적 진리"는 에베소서가 아니라, 창세기부터 요한계시록까지 모두가 그리스도인을 위한 "현재적 진리"이다. [물론 교리적으로는 유대인, 이방인, 하나님의 교회를 올바로 나누는 일은 매우 중요한 일이지만(고전 10:32, 딤후 2:15), 그렇다고 해서 성경 전체가 그리스도인의 교훈을 위해 기록된 것임을 부인해서는 안 될 것이다(롬 15:4, 고전 10:11). 교리적인 부분을 무시하는 자들이 바로 무천년주의자들이라면, 영적인 교훈을 무시하는 자들은 바로 극단적 세대주의자들이다.]

『**시간을 사서 얻으라**』(16절). 본문은 그리스도인이 시간을 낭비하는 것이 분명히 죄임을 보여 주고 있다. 시간을 죽인다면(허송한다면), 시간이 당신을 죽일 것이다. 속담에 "시간은 금이다."라는 말이 있다. "시간은 우리 모두를 얻을 것이다."라고 고대의 작가는 말하였다. 벤 존슨은 "누구도 일할 수 없을 때 밤을 위한 일이 시작된다."라고 말했다. 윌리엄 러셀 경은 단두대에 올라설 때 그의 시계를 사형 집행인에게 건네주며 "당신이 이것을 가지시오. 나에게는 더 이상 시계가 필요 없소. 이제부터 나는 영원을 다룰 것이기 때문이오."라고 말했다(잠언 18:9 주석 참조).

설교자는 면도하면서 성경을 암송할 수 있다. 여자들은 드라이기로 머리를 말리면서 성경을 공부할 수 있다. 남자들은 점심을 먹으면서 소책자를 읽을 수 있다. 남자들은 직장에서 집으로 퇴근하면서 복음을 전할 수 있다. 설교자의 아내는 심방 때 설교 예화들을 수집할 수 있다. 전화로 어떤 다른 것을 이야기하면서 이름, 주소, 전화번호를 기록할 수 있다.

한 번에 한 가지 일만 하는 사람들은 시간을 낭비하면서 사는 것이다. 하루에 한 시간씩 TV를 보며 시간을 쓰는 사람은 자신의 인생의 7%를 황폐케 만드는 것이다. 1분 뉴스만 보더라도 그날 일어난 모든 사건들을 알 수 있다. TV에서 방송되는 대부분의 뉴스는 사실 뉴스가 아니라 옛 소식을 재탕하는 것에 불과하다. [뉴스의 80%는 인기를 끌기 위해 실제와 달리 과장되게 잘못 표현한 것들이 대부분이다.]

기본적인 의사소통이 되는 사람은 누구나 일주일에 15분간만 뉴스를 들으면 어떤 중요한 정보도 놓치지 않는다.

사람들이 "관련된 문제"에 대해 무지해서 오해하는 것은 다름이 아니라 뉴스 매체가 문제를 필요 이상으로 부각시키고, 논쟁을 불러일으킴으로써 먹고 살기 때문이다. 작년에 세계 정치나 경제에 관한 주요 사건들은 10개가 채 되지 못했다. 뉴스 매체는 단순히 사람들에게 뭔가 큰 일이 계속 진행되고 있는 것처럼 인상을 주기 위해 만들어진 것이다. 전쟁은 결코 새로운 소식이 될 수 없는데, 이는 5000년도 넘게 인간이 생활하던 일상생활이기 때문이다. 폭동과 혁명은 성경 대신에 과학과 교육의 기준으로 살기 때문에 생기는 자연적인 현상이다. 죽음과 질병도 항상 있어왔던 삶의 법칙이자, 일상적인 생활 형태이다. 인플레이션과 경기침체는 그 민족이 하나님의 말씀을 버렸기에 일어나는 자연스런 결과이다(잠 14:34). 만일 20세기에서 정말 뉴스가 될 만한 것들을 쌓아올린다면, 다 합쳐서 약 700개 정도밖에 되지 않는다. 70년에 700개 정도니까, 평균 한 해에 10개가량 있는 것이다. 그러나 이렇게 해서는 뉴스 매체에 관련된 사람들이 먹고 살 수 없기에 하루에도 수많은 뉴스가 있는 것처럼 만드는 것이다.

현대의 그리스도인은 시간을 낭비하는 것으로 유명한 자들이 되고 말았다. 윌리엄 캐리나 웨슬리의 어머니 같으면 20세기의 그리스도인들을 꾸짖을 것이다. 리빙스턴은 소년 시절에 12시간을 일하고, 매일 저녁에 학교에 가서 3시간씩 공부했다. 에디슨은 밤에 네 시간만 자면서 지냈다. 현대의 그리스도인들은 그처럼 많은 시간들을 멜로드라마나 스포츠 경기를 보는 데 쓰고 있다.

운수에 맡기는 경기를 하는 것은 시간을 낭비하는 것이다. [기술을 요하는 경기는 두뇌를 향상시키고, 반사 신경이나 근육의 발달에 도움이 된다.] 또한 너무 많은 소설을 보는 것 역시 시간을 낭비하는 것인데, 소설이란 말 자체가 보여 주듯이 사실이 아닌 허구를 의미하기 때문이다. 커

피와 빵을 들면서 다른 그리스도인에 대해 험담을 하는 것 역시 시간을 낭비하는 것이다. 또한 30분이 넘도록 앉아서 세상 신문이나 세상 잡지를 뒤적이는 것도 시간을 낭비하는 것이다. 세상에서 30분 이상 투자할 만한 일간신문은 없다. 하나님의 자녀에게 패션 잡지는 <카마수트라>[인도의 힌두 성전(性典)]만큼이나 가치가 없는 것들이다.

주님의 뜻(17절)은 알기 쉬운 것이며(골 4:12), 그리스도인이 입증해야 하는 것이다(롬 12:1-3).

『**술 취하지 말라. 그것은 방탕한 것이니**』(18절). 본문에 대해 무슨 일이 벌어지는지 알겠는가? 로마카톨릭에 기대어 있는 죽은 정통주의 배교자들은 본문을 변개시킨다. 교황은 포도주를 마시는 것에 대해 경고하는 구약성경(잠언 20:1; 23:31의 주석 참조)을 가지고 있으면서도, 자신의 식료품 저장실에다 포도주를 보관하고 있다. 그를 따르는 자들도 마찬가지이다. 그들은 <킹제임스성경>에서 "술 취하지 말라. 그것은 방탕한 것이니"(And be not drunk with wine, wherein is excess)라고 되어 있는 것을 다음과 같이 변개시켰다.

1. 술에 취하게 되는 것은 "타락한"(debauchery) 것이며, 포도주는 취하게 되지만 않는다면 괜찮은 것이다(RSV, 1946).

2. 그 본문은 로마카톨릭의 <조합성경>(1941)에서 가져온 것이다.

3. "술에 취하게 되는" 것은 "타락한"(debauchery) 것이므로 "술에 취하게 되지" 말라(Don't "get drunk," <확대역본>).

4. "중독 상태"(state of intoxication)는 위험한 것이다(웨스트, 1961).

5. 술이 아니라, 술을 잘못 사용하는 것이 방탕한 것이다(제미에슨, 포

셋, 브라운).

6. NEB와 <현대인을 위한 기쁜 소식>은 본문에 겁을 집어먹고, 머뭇거리며, 얼버무린다. 그들은 본문에 대해 명확하게 설명하지 않았다.

성찬 예배시 취하게 하는 음료를 사용하는 교회에 다니는 사람이 어떻게 헬라어를 정확하게 번역할 수 있겠는가? 문제는 동사의 시제나 태(態), 명사의 성(性), 격, 관사 같은 것들이 아니다. 문제는 항상 이사야 5:22, 마태복음 26:29, 신명기 29:6, 창세기 40:10,11을 부인하는 포도주 중독자와 관련이 있다. 제미에슨, 포셋, 브라운은 디모데전서 5:23이 "포도주를 옳게 사용하는 것"이 아니라고 하는데, 이는 그 구절이 의학적으로 포도주와 물을 다루기 때문이라고 주장한다(주석서, p.1295). 술을 마시고 싶어 하는 자는 심지어 한 음절로 된 단어(포도주)도 이해하지 못한다. 포도주는 "포도주와 물을 섞어 놓은 것"이 아니다. [에베소서는 위장병으로 고생하는 그리스도인에 대한 참조 구절이 아니다](17번 현상).

"방탕함"은 술(포도주)에 있는 것이지, 취하는 데 있는 것이 아니다.

<킹제임스성경>은 헬라어를 정확하게 번역하였다. 네 가지 필사본 계열 모두에서, 대문자 필사본, 소문자 필사본 모두가 <킹제임스성경>의 본문을 지지한다. 그런데도 케네스 웨스트는 헬라어 원본을 무시하고 마음대로 "종교개혁 성경"을 뜯어고친다(5번 현상).

『**오직** 성령**으로 충만하라**』(18절, 갈라디아 4:19주석 참조). 당신은 늘 무엇인가로 충만해 있다(눅 2:40, 요 16:6, 롬 1:29; 15:14, 고후 7:4, 행 2:4; 3:10; 5:17; 13:45 등). 그러나 성령으로 충만해 있는 것이 가장 낫다. 당신이 성령으로 충만해 있으면, 마치 술 취한 사람과도 같다(행 2:13).

당신은 담대함을 가질 것이다(왕상 22:14). 당신은 “당신의 술병”을 다른 모든 사람들과 함께(합 2:15) 나누고 싶을 것이다(요 2:10). 당신은 입을 다물고 있지 않을 것이며(행 2:18), 그 “술”은 당신의 행동에 영향을 줄 것이다. [이 구절에 대한 훌륭한 저서가 워치만 니의 <자아의 파쇄와 영의 해방, The Release of the Spirit>이다. 그리스도인은 성령으로 취해 있는 사람이다.]

성령충만한 그리스도인은 오늘날 가장 찾아보기 힘든 희귀종이 되고 말았다. 어떻게 성령충만하지 않고도 성령의 열매(갈 5:22)를 모방할 수 있는가를 배웠기 때문에, 현대의 보수주의자들과 근본주의자들은 외양만 성령충만하게 보이는 그리스도인들을 양산했을 뿐이다. 그것은 심리학, 기독교 교육학, 윤리 실천, 인격 양성, 인위적인 표정에 의한 것에 불과하다. 현대의 그리스도인들은 괜찮은 자들이긴 하지만, 그들은 아무런 영향력도 없다.

5:19 **시와 찬송과 영적인 노래들로 너희에게 말하고, 너희 마음으**
로 주께 노래하며 곡조를 만들고
20 **항상 모든 일에 우리** 주 예수 그리스도**의 이름으로** 하나님, 곧
아버지**께 감사를 드리며,**
21 하나님**을 두려워함으로 서로 복종하라.**
22 **아내들아, 너희는 너희 자신의 남편에게 복종하기**를 주께 **하**
듯 하라.
23 **이는 남편이 아내의 머리 됨이** 그리스도**께서 교회의 머리 됨**

과 같음이라. 그는 몸의 구주시니라.
24 그러므로 교회가 그리스도께 복종하듯이, 아내들도 자기 남편
에게 매사에 그렇게 해야 할지니라.
25 남편들아, 너희는 자기 아내를 사랑하되 그리스도께서 교회를
사랑하셔서 교회를 위하여 자신을 주신 것같이 하라.
26 이는 그가 교회를 말씀에 의한 물로 씻어 거룩하게 하시고
깨끗게 하사
27 자기 앞에 영광스러운 교회로 나타내서 점이나 주름진 것이
나 또는 그러한 것들이 없이 거룩하고 흠 없게 하려 하심이
니라.
28 그러므로 남자들은 자기 아내를 자신들의 몸처럼 사랑해야
만 하리니 자기 아내를 사랑하는 사람은 자기 자신을 사랑하
는 것이라.
29 사람마다 항상 자기 육신을 미워하지 않고 오히려 육성하고
아끼기를, 주께서 교회에게 하심같이 하나니
30 이는 우리가 그의 몸과 그의 살과 그의 뼈의 지체임이라.
31 이런 까닭에 남자가 자기 아버지와 어머니를 떠나 자기 아내
와 결합하여 그 둘이서 한 몸이 될지니라.
32 이것은 위대한 신비라. 그러나 나는 그리스도와 그 교회에 관
하여 말하노라.
33 그러므로 너희도 각기 자기 아내를 자신처럼 사랑하고 또 아
내도 그 남편을 경외하라.

본문은 교회와 그리스도의 관계를 다루는 중요한 부분이며, 그것을 남편과 아내의 관계에다 비유하고 있다. 첫 번째 두 구절은 계속해서 성령충만한 생활을 다루고 있다.

『**시와 찬송과 영적인 노래들을 지어 말하고**』(19절). 이 훈계에는 말하는 것과 노래하는 것이 모두 포함되며, 둘 다 술 취한 것이 아니라 성령충만으로부터 나오는 기쁨의 표현이며, 본문에서는 이것을 그리스도인에게 권유하고 있다. <필립스 역본>의 "성령이 너희 혼을 자극하게 하라"는 엉터리 번역은 성령충만과 아무런 상관이 없다. 그것은 필립스가 성경을 읽으면서 얻은 필립스의 설교에 불과하다.

<확대역본>은 캠벨주의자들을 두려워하여 본문의 의미를 지나쳐 버렸다. 캠벨주의자들은 80년 이상 본문을 교회 예배시 악기를 사용하지 않는 근거 구절로 사용하였기 때문에, <확대역본>은 본문에다 "악기"를 집어넣었다. 만일 그것이 합법적이라면, 노래하고, 춤추며, 록큰롤 음악에 맞추어 트위스트를 추면서 전자악기와 기타를 동원하는 것도 가능할 것이다. 왜 한 가지만 첨가하고 마는가?(갈 5:9 주석 참조)

다음 세 가지 종류의 음악은 그리스도인의 음악으로 적합하다.

1. "시"(psalms) : 이것들은 시의 형태로 편곡된 장로교회의 옛날 찬송가이다. 주 예수님께서는 십자가 이전에 지상에서의 마지막 밤에 시편 하나를 부르셨다.

2. "찬송"(hymns) : 이것들은 수십 년 동안 확정된 신성한 노래들을 모은 것들이다. 그것들은 기독교 클래식 음악의 형태로 되어 있다.

3. "영적인 노래들" : 이것들은 "독창, 중창, 3중창, 4중창"의 형태이며, 10년마다 새로워진다. "반가운 구조선," "내가 영원히 사모할 주님" 등이

바로 그러한 것들이다.

영적인 노래들은 바하, 헨델, 하이든의 대부분의 작품을 포함한다. 이것은 클래식 음악을 많이 들은 자들에게 분명하게 나타난다(창 4:21 주석 참조).

그리스도인의 노래와 멜로디는 입술이 아니라(2:4 주석 참조), 마음에서 나온다(19절). 그것들은 다른 모든 것처럼(골 3:23) "주께" 노래하는 것이다(19절). 소리 지르는 것, 자살 충동, 술취함, 향락, 마약, 재즈 댄스, 살인, 섹스, 미니스커트, 창녀, 매춘 등은 모두 성령충만한 생활에서 나온 것들이 아니다. [너무나 분명한 사실이지만 현대의 소위 신세대들은 아프리카 섹스 음악을 그들의 "예배"에 결합시킨다. 그들은 또 다른 영으로 충만해 있다. 성경에서는 두 가지 영을 말하고 있음에 주목하라(2:2 주석 참조).]

알다시피 세상과 자아를 부인하는 것이 없이는 주님을 온전히 사랑한다고 말할 수 없다. 불의를 미워하지 않고는 진리를 사랑할 수 없다. "주님 십자가 밑에 나 쉬기 원하네"를 부르는 사람은 "이 광야 같은 세상에 늘 방황할 때에"라는 말도 하게 된다. "내 주 되신 예수 참 사랑하고"를 부르는 사람은 계속해서 "내 모든 죄 주께 다 고하리라"고 말해야 한다. 부정적인 평형이 없는 긍정적인 기독교는 사탄의 종교에 불과하다.

『**항상 모든 일에... 감사를 드리며**』(20절, 살전 5:18 참조).

『하나님**을 두려워함으로 서로 복종하라**』(21절). <피터 럭크만의 주석서 출애굽기> 20:20이나, <피터 럭크만의 주석서 잠언> 1:2-6의 주석 중에 "하나님을 두려워함"에 대해 상세히 살펴보라.

이 시점에서 살몬드 박사는 우리에게 <킹제임스성경>은 로마카톨릭 성서에서 발견되는 고대 알렉산드리아 변개본에 자리를 양보해야 한다고 주장한다. 예수회 사제들은 에베소서 5:21의 "하나님"을 "그리스도"로 바꾸어 버렸고, 그것은 로마카톨릭 성서가 되어 버렸다. 그 책은 1881년에 웨스트코트, 홀트, 샤프, 라잇풋에 의해 개정되었다. "그리스도를 두려워함"은 로마카톨릭식 표현이며, 바울의 문체나 표현 방법과는 너무나 거리가 멀다.

이 분명한 위조 행위가 ASV(1901)와 그 외 변개된 성서들에 나타나며, 바티칸 사본과 시내 사본에서도 발견된다. 그러나 이러한 표현은 바울의 글들에 나타나지 않는 것이다. 바울은 그런 것을 생각지도 않았으며, 그가 설령 그것을 생각했다 하더라도 그렇게 기록하지 않았다. 학자들은 수십 년간 바울 서신들을 공부했음에도, 바울의 문체가 어떤 것인지조차도 알지 못하는 것이다. NASV(1960) 역시 로마카톨릭 성서에서 나온 것임을 스스로 드러내고 있다.

『**아내들아... 복종하기를 주께 하듯 하라**』(22절). 확실한 증거들이 더 필요하다면 골로새서 3:18, 창세기 3:16, 베드로전서 3:1-7을 보라.

물론 본문은 구원받은 남편과 구원받은 아내를 다루고 있다(23-26절). 그러나 심지어 구원받지 않은 남자도 그 집에서 동일한 권위가 있으며(벧전 3:1-3), 그는 가정을 좌지우지하며 쥐고 흔든다. 그러나 현대에는 많은 가정들이 여자가 51%의 결정권을 행사하는 것에 합의하였다.

고대 전설에 의하면 성 베드로가 하늘의 문에다 두 줄을 세웠는데, 한

줄은 자신이 직접 가정을 경영한 남자들을 세운 줄이고, 다른 한 줄은 여자가 대신 가정을 경영한 남자들을 세운 줄이었다. 자신이 직접 가정을 경영한 남자들을 세운 줄에는 한 명만이 서 있었고, 나머지는 모두 반대편 줄에 서 있었다. 그때 성 베드로가 그에게 "왜 여기에 서 있느냐?"고 묻자, 그는 "제 아내가 이쪽 줄에 서 있으라고 말했어요."라고 대답했다고 한다. [이 같은 말들은 많이 있다. "남자가 가정의 머리이지만, 머리를 돌리는 것은 목이다." "세상을 움직이는 것은 남자며, 남자를 움직이는 것은 여자다." "가정의 머리가 표현한 견해가 항상 경영자의 견해는 아니다." 등.]

첫 번째 훈계는 공평한 것이다. 모든 그리스도인들에게 서로 복종하라는 것이다(21절). 그러나 남편과 아내의 상황을 다룰 때에 첫 번째 훈계는 항상 여자에게 주어진다(창 3:16, 골 3:18, 벧전 3:1-4). 그 이유는 디모데전서 2:14에서 설명해 놓았다.

어떤 권위에 복종하는 것은 세상에서 가장 불쾌한 일 중 하나이다.

모든 종류의 권위를 거부하고, 강제적이지 않는 한 복종하길 거부하는 것이 인간의 성품이다. 심지어 여자가 주관 당하길 원하는 곳에서도(창 3:16) 결정을 행한 데 따른 책임을 완화하기 위한 것이다. 대학 캠퍼스에서 거듭나지 않은 흑인들로 야만 행위를 하게 하는 동일한 영(엡 2:2)이 A.T. 로버트슨에게 <킹제임스성경>을 뜯어고치게 만들었다. [나는 대부분의 그리스도인이 이 사실을 인식하지 못한다는 사실을 깨달았다. 대부분의 그리스도인은 성숙하지 않고(엡 4:4), 영적이지도 않으며(고전 3:1-3), 단단한 음식에 익숙하지도 않다(히 5:14).] 하나님의 눈에는 욕심 많은 것이 부도덕과 같다(엡 5:5 참조).

아비 호프만, 안젤라 데이비스, 제리 루벤스로 하여금 부모와 경찰의 권위를 저주하게 만든 동일한 영이 케네스 웨스트로 하여금 마태복음 23:14을 없애 버린 뒤 그것을 가리기 위해 절 체계를 무시하게 만들었다. 반역은 왕의 권위에 대항하는 것이며, 그 반역의 영이 <킹제임스성경>의 권위를 무시하게 한다. 고속도로 순찰차에 대해 품는 동일한 적개심으로 <킹제임스성경>의 권위에 대해 반대하는 것이다(롬 13:1-4).

어떤 여자들은 그들과 그들의 자녀들에게 분별없고, 참을 수 없는 자세를 가진 남편과 함께 살고 있으며, 심지어 율법도 남편에 대한 그들의 불순종을 묵과할 정도이다. 어떤 여인의 남편들은 너무나 주님과 달라서(22절) 그들을 보면서 예수 그리스도를 상상하기란 참으로 힘들지만, 여전히 남편은 아내의 머리라고 말씀하신다(23절). 이 부분은 고린도전서 11:1-10에 잘 설명되어 있다. 이러한 남편과 함께 있는 여자는 참고 견디거나, 잠시 동안 떨어져 있어야 한다(고전 7:11). 만일 그녀가 구원받았으면, 그녀는 자신이 허용할 수 없는 말과 기질에 대해 기도하고 복종해야만 한다(벧전 3:1-4). 만일 그녀의 남편이 그녀를 버리거나(고전 7:15) 이혼 소송을 한다면(고전 7:15), 그녀는 예비하신 구제와 구출을 받은 것이다. 그러나 하나님께서 이 같은 길들을 열어주시지 않는다면, 그녀는 "주께 하듯"(골 3:18) 복종해야 한다. 그러나 이것은 수많은 경우에 있어 함이 야펫에게 복종하는 것만큼이나 어려운 것이다(딤전 6:1-4). 그래서 "여성 해방"은 "평등권"이나 국제 사회주의와 연관된다.

여자가 복종하는 것이 바로 잠언 31장의 주제이다. "해방된" 여자는 잠언 9:13-18에 묘사된 여인이다. 성경이 분명하게 분리, 순종, 복종, 영적인 것에 대해 가르치기 때문에 현대 교육의 최고의 목표는 통합, 불순종,

해방, 육신적인 것이다.

『**이는 남편이 아내의 머리됨이**』(23절, 고전 11장 참조). 성경은 이에 대한 분명한 진리들을 제시하고 있다.

1. 첫 번째 사람 아담에게는 아내가 있었다(31절).

2. 그녀는 그의 살과 뼈의 일부였다(30절).

3. 그들은 한 몸이었으며, 그 한 몸은 남자의 몸이었다(31절, 창 5:1-3).

4. 이것이 최초의 "이상적인 혼인"이기에(마 19:3-9), 구원받은 두 사람의 혼인 관계를 올바로 보여 준다(22절).

5. 이것은 또한 그리스도의 몸이 그리스도에 대해 가지는 관계를 보여 주며(30절), 그리스도께서 그의 몸에 대해 가지는 관계를 보여 준다(23절).

6. 아담이 그의 몸을 얻기 위해 죽은 것처럼(창 2:21), 그리스도께서도 그의 몸을 얻기 위해 죽으셨다(엡 5:25).

7. 남자는 자신의 아내를 사랑하며(25절), 육성하고 아껴야 하는데(29절), 이는 그녀가 그의 몸의 일부이기 때문이다(28절).

8. 남자의 몸은 깨끗하고 거룩해야 되며(26절), 그리스도의 몸도 거룩하고, 영광스럽고, 점이나 흠이 없어야 한다(27절).

그리스도는 몸의 머리이며(1:22), 몸의 구주이시다(5:23).

『**그러므로 교회가** 그리스도**께 복종하듯이**, **아내들도 자기 남편에게 매사에 그렇게 해야 할지니라**』(24절). 바울이 "교회가 그리스도께 복종하듯이"(24절)라고 말한 것은 명백히 이상적인 상태를 말한 것이다. 불행

히도 그리스도의 몸은 지금까지 그 머리에 복종하지 않았다. 교회는 아내가 그녀의 남편에게 복종해야 하듯이 그리스도께 복종해야만 한다. 이스라엘은 그녀를 그녀의 남편으로부터 따로 떼어 놓는 이혼증서를 받았다(호 1-3장). 만일 그 일이 없었다면 각 개별적인 성도들은 그리스도의 영적인 몸의 유기체적인 지체가 되고(1:13-23), 그리스도의 몸인 교회는 이미 몇 세기 전에 올라갔을 것이다.

『**남편들아, 너희는 자기 아내를 사랑하되**』(25절). 남자 그리스도인은 하나님을 위해 죽을 수 있을 만큼 그분을 사랑해야 하며(계 2:10), 그의 형제들을 위해 죽을 수 있을 만큼 그들을 사랑해야 하고(요 13:35), 그의 아내를 위해 죽을 수 있을 만큼 그녀를 사랑해야 한다(엡 5:25). 사랑을 위해 죽는 고대의 이야기는 창세기부터 시작되어 전쟁과 전쟁의 소문만큼 오래되었다. 모든 여자들은 자신을 위해 죽을 만큼 자신을 사랑하는 남자를 원하며(딤전 2:13), 그래서 오늘날 잡지의 주제는 늘 치정에 얽힌 살인이다. "쪽 쪽," "탕 탕"은 TV 내용의 90%를 차지하는 것들이다.

『**그리스도께서 교회를 사랑하셔서 교회를 위하여 자신을 주신 것 같이 하라**』(25절). 본문은 지역 교회와 "그의 몸인 교회"에 대한 문제를 명백하게 해결해 준다. 그리스도께서 지역 교회를 위해 죽으셨다는 것은 무의미한 말이다. 지역 교회는 구원받지 않은 교회 회원들을 포함하고 있으며, 첫 번째 신약 교회는 마귀를 회계원으로 데리고 있었다. 만일 그리스도께서 구원받지 않은 사람들을 위해서도 죽으셨다고 대답한다면, 25절에서 시작되는 문장에 대해 기본적인 인식도 하지 못한 자이다. 우리는 그리스도께서 죄인들을 위해 죽으셨다는 것(딤전 2:6)을 알고, 하나님께서 그리스도의 몸의 지체들만이 아닌 세상을 위해 그분을 주셨다는 것(요 3:16)도 알고 있다. 본문은 요한복음 13장과 잘 어울리는데, 이는 그리스도께서 그의 모든 제자들을 사랑하셨으나(요 13:1) 특별한 방법으로 사랑하는 제자가 있었다는 것이다(요 19:26). 이것은 요한을 그리스도의 몸의 모형으로 볼 수 있는 분명한 이유가 된다(계 4:1-3 주석 참조).

칼빈은 요한복음 3:16은 보지 않고 본문(엡 5:25)만 읽었으며, 그가 요한복음 3:16을 볼 때는 다음과 같이 자신의 의견을 집어넣는다. "하나님께서는 이방의 택함 받은 자들을 이처럼 사랑하셔서 그의 독생자를 주셨으니, 이는 그를 믿는 이방의 택함 받은 자들은 누구든지..." 이것은 톰 페인, 루소, 볼테르와 같이 자신의 사견을 더하여 속이는 것이다. 그러나 하나님의 말씀은 결코 그렇게 말씀하지 않았다.

『**말씀에 의한 물로 씻어... 깨끗케 하사**』(26절). 마틴과 윌리엄스는 물을 영적으로 만들어 요한복음 15:3이나 요한복음 13:10에서처럼 "말씀"이라 부른다. 또한 마틴의 참조 구절인 에스겔 36:25에서 제시하는 뿌리는 물도 문자적인 물을 가리킨다. 그렇지만 이 잘못된 설명도 케네스 웨스트가 물이 "말씀의 범위"(the sphere of the Word)라고 어리석게 설명한 것보다는 낫다.

모펫은 교회 회원이 침례탕에서 침례받을 때 교회가 깨끗해지는 것이라고 말한다. 어떻게 부분적으로만 깨끗이 되는가? 20세기 동안 계속해서 한 번에 세포 하나씩 씻는단 말인가! 그렇다면 교회는 히피처럼 지독한 냄새가 날 것인데, 이는 그녀의 회원들이 A.D. 350년부터 A.D. 1600년까지 단지 물로 뿌리기만 했기 때문이다. 다른 사람을 씻기려는 사람이 단지 머리에 물만 뿌려서 깨끗하게 하는 것을 본 적이 있는가?

살몬드 목사는 본문에 대해 더 어리석은 주석을 달아놓았다. 그는 선매듭, 고리, 나비매듭, 사각매듭을 스스로 매고 푼 후, 마지막으로 결론짓기를 하나님께서 그리스도의 몸을 물침례로 깨끗게 하며, 물침례는 그 허물들을 제거할 것임을 약속하셨다고 말한다(<헬라어 주석 신약>, 제3권, p.369).

이런 어리석은 행렬은 계속된다. 더멜로우도 물침례가 교회를 정결케 한다고 말한다. 넌더, 제미에슨, 포셋, 브라운도 본문이 물침례라고 주장하지만, 에베소서 5장 어디에도 침례란 단어는 등장하지 않는다. <필립스 역본>은 반대로 모든 계열의 필사본에 나오는 "물"이란 단어를 번역하기를 거부했다. 그러나 NEB는 다시 "물"이란 단어를 원래의 위치로 가져왔다.

『자기 앞에 영광스러운 교회로 나타내서 점이나 주름진 것이나 또는 그러한 것들이 없이 거룩하고 흠 없게 하려 하심이니라』(27절). 성경대로 믿는 사람들이 이처럼 로마카톨릭과 캠벨주의를 섞어 놓은 것같은 사사로운 해석을 수용할 것 같은가? 본문에서 말하고자 하는 본래의 의미를 왜 보지 않으려고 하는가? 본문에서 "물로 씻는 것"은 단지 교회를 거룩하게 하고 깨끗게 하려는 것이 아니라, "점이나 주름진 것이나 또는 그러한 것들이 없이 거룩하고 흠 없게 하려"는 것이다(27절).

학자들에게 물어보라. 어떤 사람의 물침례(물 뿌리는 세례든지, 잠기는 침례든지, 다이빙이든지)가 그 대상을 "흠 없게" 한 적이 한 번이라도 있는가? 당신이 만일 그 사람이 유명한 신학대학을 졸업하고, 수십 년간 교육을 받았으며, 히브리어나 헬라어 박사 학위를 갖고 있다는 이유로 그의 사사로운 해석을 따른다면 당신 역시 어리석게 속게 될 뿐이다. 일단 속게 되면 혼란과 문제들만 떠안게 되는 것이다.

명확하고 분명하게 진리를 제시하고 있는 하나님의 말씀으로 돌아오라! 본문은 결코 물침례를 언급하고 있지 않다. 더멜로우와 모펫은 알렉산더 캠벨과 어거스틴처럼 "물"이란 단어가 나올 때마다 그것은 "침례"를 말하는 것이라고 주장한다(갈라디아서 3:27 주석 참조). 반대로 "침례"란 단어가 나올 때에도 "물"이란 단어를 집어넣으려고 애쓴다. [이것은 일종의 병인데, "WB(Water Baptism) 신드롬"이라 부르거나, "물침례 집착증"이라 말할 수 있다. 개척자의 후예들이 이들에 대해 경고할 목적으로 부른 노래가 있다. 지금 그것을 전부 기억할 수는 없지만 일부분이 생각난다. "그에게 귀 기울이지 말게나. 그는 마귀지 사람이 아니라네. 그는 물과 함께 불타는 모래를 뿌리는 거라네. 차가운 물과 함께."]

그리스도께서는 교회를 위하여 자신을 주셨으며(25절) 그래서 다른 사람이 아닌 그분만이 교회를 사역할 수 있게 하셨다. 보아스가 룻을 샀듯이(룻 4:10), 교회를 사고 값을 지불하셨다는 사실로부터 교회를 거룩하게 하고, 깨끗게 하시는 그분의 능력이 나온 것이다. 독자들은 두 경우 모두에서 성령께서 "purchase"(사다, 값 주고 사다)라는 단어를 보존하셨음을 주목해야 한다(룻 4:10, 엡 1:14).

주 예수님께서는 지금 교회를 위해 무엇인가를 하고 계시며, 그래서 교회는 혼인식에서 자신을 나타낼 때(계 19:7,8) 점과 흠이 없게 될 것이다(27절). 예수님께서는 "말씀"에 의한 물로 씻고 계신다(26절). 요한복음

13장은 본문의 의미를 분명하게 보여 주고 있다.

학자들은 에베소서 5:13에서 "빛"을 위해 성경을 거부했듯이, 본문(엡 5:26)에서는 "물침례"를 위해 성경을 거부하고 있다. 변개된 <뉴스코필드 성경>에도 본문을 "의식"으로서의 물침례로 규정하고 사도행전 8:12을 관련 구절로 제시하였다. C.I. 스코필드가 그러한 주석을 용인했으리라 생각하는가?

당신은 한 곳에 너무 오래 앉았기 때문에 주름이 생겼으며, 다림질로 그 주름을 바로 펴야 한다. 그리스도의 심판석 때 다림질로 바로 펴야 할 일이 너무 많을 것이다. "점"은 세상으로부터 온 것이며(약 1:27), 그것 역시 씻어서 없애야 한다.

『그러므로 남자들은 자기 아내를 자신들의 몸처럼 사랑해야만 하리니...육성하고 아끼기를』(28,29절). "형제들"은 서로 씻겨주기 위해 섬겨야 하며(요 13장), 남편들은 아내들이 계속해서 깨끗하도록 말씀으로 그들을 가르쳐야 한다. 남자들이 자신의 몸을 깨끗하게 하려고 주의하듯이, 그는 자신의 아내에게도 그렇게 해야 한다.

『그의 살과 그의 뼈의 지체임이라... 자기 아내와 결합하여 그 둘이서 한 몸이 될지니라』(30,31절). 본문은 매우 명백하다. 아담과 이브는 동일한 살과 뼈를 가졌으며, 그들은 창세기 3:7 이전에는 피가 없었다. 그리스도께서도 무덤에서 부활하셨을 때 살과 뼈는 있었지만 피는 없었다. 남편과 아내도 그들이 떨어져 있지만 동일한 살과 뼈를 가지고 있으며, 그래서 이것이 신비이다. 이것은 우주의 맨 끝에 있는 지구에 사는 그리스도인이 현재 태양계에서 5억 광년이상 떨어져 있는 곳에 앉아 계신 부활하신 구주와 하나라는 것을 완벽하게 보여 주는 그림이다(에베소서 1:20, 3:18 주석 참조).

『**이것은 위대한 신비라**』(32절). 그래서 벌링거주의자들은 아무런 설명도 하지 못하고 "위대한 신비"라는 말만 흉내낼 뿐이다. 하나님의 예정이라는 것도 아주 신비스러운 것이라서, 칼빈주의자들도 "위대한 신비라"는 말만 할 따름이다(에베소서 1:4,5; 3:1-6 주석 참조). 본문에 있는 신비는 유대인과 이방인이 한 몸 안에 있게 될 것이라는 말이 아니다. 본문의 신비는 어떻게 두 사람이 수억 광년이 넘게 떨어져 있으면서, 둘 다 같은 "살과 뼈"를 공유할 수 있는가라는 것이다. 성경을 주의 깊게 읽는 독자라면 바울이 여기서 극단적 세대주의를 반박하고 있음도 아울러 알 수 있다. 바울은 본문에서 "그리스도와 그 교회에 관하여 말하노라."라고 말하고 있다. 본문에 언급된 "교회"는 31절에서 말했던 내용의 연장이며, 31절은 아담과 이브를 말하고 있다.

이것은 그리스도의 몸이 그분의 죽음으로부터 시작되고 있음을 가리킨다(엡 2:13-16 참조).

보다시피 극단적 세대주의자인 오헤어나 스탬은 바울을 따른 것이 아니었다. "12사도와 8사도," "계시의 대상과 예언의 대상"을 수없이 말한 윌리엄스도 마찬가지다. <킹제임스성경>은 극단적 세대주의자들의 요구에 맞춰주지 않으며, 헬라어 원문이나 다른 모든 필사본, 번역본도 마찬가지다. 그래서 윌리엄스는 자신의 기호에 맞는 성경을 새로 쓰는 수밖에 없다. 그는 에베소서 5:32을 "이 비밀은 위대하도다. 나는 그리스도와 그 교회에 관한 비밀을 의미하노라."고 만들었다.

이처럼 오늘날 미국에는 정통주의, 근본주의, 전천년주의를 자처하는 학자들 대부분이 성경을 거부하는 자들이 되고 말았다(13번 현상).

32절의 "이것"은 직접적으로 31절을 가리키며, "그러나"(모든 헬라어 필사본 계열에서 발견되는)라는 접속사는 32절의 앞뒤를 구분하고 있다. <현대인을 위한 기쁜 소식>조차 윌리엄스처럼 본문의 의미를 망가뜨리지는 않는다.

<킹제임스성경>을 대하는 데 있어 이들 신학자들과 세상 학문을 다루는 학자들의 유일한 차이점은 전자는 성경을 완전히 바꿔 버리는 것이고, 후자는 성경을 던져 버린다는 것이다. <킹제임스성경>은 이들을 하나로 만든다. 한쪽은 하늘나라로 가고 한쪽은 지옥으로 갈지 모르겠지만, 그들은 하나님께서 영예를 주시고 순교자들의 피값으로 얻은 "종교개혁 성경"을 대적하는 동일한 영을 가지고 있다(<어떤 성경인가?, Which Bible?>, 데이비드 오티스 풀러, pp.107-117).

『**그러므로 너희도 각기 자기 아내를 자신처럼 사랑하고**』(33절). 본문은 다시 31절로 돌아간다. 바울은 교리적으로 그리스도의 몸이 그리스도께 살과 뼈로 결합하였음을 말하면서도, 이 "육성하고 아끼는 것"(29절)이 여전히 모든 구원받은 남편과 아내에게 적용될 수 있음을 보여 준다.

남편이 아내를 사랑하듯이 아내도 자신의 남편을 사랑하라고 말한다(딛 2:4).

『**또 아내도 그 남편을 경외하라**』(33절). 본문은 <스코필드주석성경>

의 편집자들이 범한 오류를 바로잡아 준다. "경외"(reverence)는 "두려워함"(fear)이 아니며, 만일 여기에서 "두려워함"(fear)이란 단어를 쓰게 되면, 하나님께서 경고하신 남편과 아내의 관계(벧전 3:6)와 반대가 된다. "주를 두려워함"은 "경외하는 신뢰"(히 12:28)가 아닌데, 이는 그 두 단어가 서로 대조적으로 쓰이기 때문이다. 아내들은 남편을 경외해야 하지만(33절), 남편을 두려워해서는 안 된다. 당신은 경외할 때 두려워해서는 안 된다. 그러므로 <스코필드주석성경>의 주석은 또다시 근본주의자, 보수주의자, 정통주의자가 성경의 가르침을 던져 버리고 있음을 보여 주는 것이다(13번 현상).

결론적으로 성경대로 믿는 사람들은 RSV(1946), ASV(1901), NASV (1960)가 결정적인 성경 구절들을 삭제해 버렸다는 사실을 주목해야 한다. 그 세 권의 닮은꼴 성서들과 나머지 변개된 작품들(NEB, <필립스 역본>, <모펫 역본>, <현대인을 위한 기쁜 소식>, <웨이마우스 역본>, <굿스피드 역본>, 바티칸 사본, 시내 사본, 더멜로우, 라흐만, 티쉔돌프, 트레겔레스, 웨스트코트, 홀트)은 모두 본문 30절에서 "그의 살과 그의 뼈의"라는 말을 삭제하였다. [한글개역판 역시 마찬가지로 삭제하여 "우리는 그 몸의 지체임이니라"로 해놓았다.]

물론 성경에서 이 부분을 처음으로 삭제한 사람은 오리겐이었다.

한 가지 더 주목할 것이 있다. 어떻게 <예수회 성경>(1582)이 32절을 <킹제임스성경>에 맞추어 개정해 왔는가 하는 것이다. 처음에 이 성경이 나왔을 때는 "신비" 대신에 "sacrament"(성사)라고 번역했다. 그러나 <킹제임스성경>이 나오고서부터 이 성경이 다른 모든 성경들을 압도하는 것을 보고, 로마카톨릭도 하는 수없이 성령님께서 선택하신 단어로 바꾸게 되었다. [성경을 공부하는 학생은 참된 성경이 어떻게 보존되어 왔는가에 대해 관심을 가질 필요가 있다. 데이비드 오티스 풀러의 <어떤 성경인가?, Which Bible?> 중에서 벤자민 윌킨슨의 글을 보면 그 사실을 간략히 알 수 있다. 그의 책은 20세기의 보수주의 학교의 교수진들 95%가 성경의 역사에 대해 완전히 무지하며, 로욜라, 테첼, 쉰, 카스트로, 가너 테드 암스트롱처럼 진리를 회피한다는 사실을 잘 보여 주고 있다.]

에베소서 6장

6:1 자녀들아, 주 안에서 너희 부모에게 순종하라. 이것이 옳으니라.
2 네 아버지와 어머니를 공경하라. (이것이 약속 있는 첫째 계명
이니)
3 이는 네가 잘되고 또 땅에서 장수하게 하려 함이니라.
4 너희 아비들아, 너희 자녀들을 성나게 하지 말고 주의 교훈과
훈계로 양육하라.
5 종들아, 육신에 따른 주인들에게 두려움과 떨림으로 복종하되
순전한 마음으로 그리스도께 하듯 하고
6 사람을 기쁘게 하는 자처럼 눈가림으로 하지 말고 그리스도의
종으로서 마음으로부터 하나님의 뜻을 행하며
7 선한 뜻으로 봉사하되 주께 하듯 하고 사람에게 하듯 하지 말
라.
8 이는 각 사람이 무슨 선을 행하든지 종이나 자유인을 불문하

고 주로부터 그대로 받을 줄을 앎이니라.
9 **또 주인들아, 너희도 그들에게 동일하게 행하고 위협을 그치**
라. 이는 너희의 주인도 **하늘에 계시며 그분은 사람을 외모로**
판단하지 않으심을 너희가 알기 때문이라.

"남편과 아내"를 다루고 난 뒤, 본문은 계속해서 "자녀와 아버지와 종"을 위한 교훈들을 제시하고 있다. 그러나 RSV, NEB, <필립스 역본>, <현대인을 위한 기쁜 소식> 등 변개된 성서들은 모두 본문의 "종"(servants)을 "노예"(slaves)로 변개시켰다. 그 번역자들은 아무도 고린도전서 7:20-22이나 디모데전서 6:1-3을 믿지 않는다. 그들이 말씀을 다른 단어로 바꾸는 것은 실제로 아무런 의미도 없으며, 그 의도는 단지 <킹제임스성경>이 시대에 뒤떨어졌음을 입증하려는 것이다.

『**자녀들아**, 주 **안에서 너희 부모에게 순종하라**』(1절). 이것은 5:21,22처럼 구원받은 부모라는 것이 전제된 명령이다. 그렇다면 즉시 의문이 제기되는데, "만일 그들이 구원받지 않았다면 어떻게 되는가?"라는 것이다. [이것은 많은 십대들이 고민하는 중요한 문제이다.]

문제들이 제기되자, 오리겐은 문제를 잠재우기 위해 "주 안에서"라는 단어를 삭제하였다. 바티칸 사본은 이 변개된 내용을 그대로 간직하였지만, 이번에는 심지어 ASV나 RSV도 감히 이 분명한 오류를 재생하지는 못했다. 그러나 NEB와 <현대인을 위한 기쁜 소식>은 라흐만과 같이 그 단어들을 삭제하는 것을 두려워하지 않았다. [RV를 번역한 웨스트코트, 홀트는 "주 안에서"를 괄호 안에 집어넣었다.]

다시 <킹제임스성경>은 보수주의 비평가들이 저질러 놓은 오류들에 조명을 준다. 이것은 에베소서 5:22과 동일한 경우이다. 구원받았든, 구원받지 않았든, 출애굽기 20:12은 본문(2절)에 나와 있는 것과 같이 “너는 네 아비와 네 어미를 공경하라.”고 되어 있다. [이 부분은 아주 중요하다. 이스라엘 민족에게 주신 구약의 규례가 다시 “그리스도의 몸”에게 “현재적인 진리”로 제시되고 있다. “현재적 진리”는 에베소서나 바울 서신만이 아니라 출애굽기나 잠언이 될 수도 있다는 말이다. 극단적 세대주의자들은 이 사실을 분명히 알아야 한다.]

자녀가 성인이 될 때까지(민수기 - 20세, 미국 - 18세) 그는 순종하여야 한다(눅 2:51). 그의 부모가 하나님의 말씀의 분명한 가르침에 직접적으로 위배되는 것을 명령하지 않는 한, 그는 순종해야 한다. 이 동일한 명령이 아내들에게 주어졌고(5:24), 종들에게 주어졌다(5절). 본문에 대한 문제는 항상 권위 있는 명령에 적개심을 가진 이성주의적인 철학자들의 마음에서 일어난다. 성령께서는 “자녀들아, 주 안에서 너희 부모에게 순종하라.”는 놀라운 명령을 보존하셨으며, 바울은 “이것이 옳으니라.”고 기록하였다.

그것을 부인하는 모든 변개된 성서들과 학자들은 모두 틀린 것이다.

『**이것이 약속 있는 첫째 계명이니**』(2절). 부모를 순종하는 것은 십계명의 다섯 번째 계명이지만, 앞의 네 계명은 모두 약속과 연관되지 않은 계명들이기에 이 계명이 약속 있는 첫째 계명이다. [두 번째 계명과 연관해서는 주님의 자비가 언급되지만 그것은 단지 형벌을 제거하는 것이다.]

『이는 네가 잘되고 또 땅에서 장수하게 하려 함이니라』(3절). 장수에 관해 통계를 낸 조지 갤럽에 의하면 다음과 같다.

1. 개신교 목사들이 사제들보다 오래 산다.
2. 하나님을 믿는 학생들이 운동선수보다 오래 산다.
3. 전문 직업인이 노동자보다 오래 산다.
4. 결혼한 사람이 결혼하지 않은 사람보다 오래 산다.
5. 벽돌을 나르는 자들과 기계공들이 다른 노동자들보다 오래 산다.
6. 개신교 가정에서 두 번째로 태어난 여자 아이가 가장 오래 산다.
7. 유럽 군주의 아이가 가장 장수하지 못한다.
8. 개신교 국가의 부유한 시골 지방이 세상의 다른 어떤 곳보다 더 장수한 사람들이 많다.
9. 평균적으로 가장 장수한 사람들은 미국의 중서부, 즉 아이오와 주, 네브래스카 주, 일리노이 주, 캔자스 주, 오클라호마 주의 시골 지방에 산다.

『너희 아비들아, 너희 자녀들을 성나게 하지 말고, 주의 교훈과 훈계로 양육하라』(4절). 알다시피 늙은 개에게 새로운 것을 가르치는 것은 힘든 일이지만, 강아지에게 가르치는 것은 쉬운 일이다. 가족이 함께 기도하는 제단은 가정을 변화시킨다. 함께 기도하는 가정이 모두 함께 거하는 것은 아니지만, 90%가 그렇다는 것이다.

"교훈"(nurture)은 누가복음 23:16, 히브리서 12:5,7,8, 재판관기 8:16에 잘 정의되어 있다. 당신은 징계와 형벌로 자녀들을 교훈한다. 그리고 당신은 말과 지시로 훈계한다. 히브리서 12:4-8에도 두 가지 방법의 "교육학"이 제시되고 있다.

1. 징계 – 매질(scourgeth, 히 12:6)

2. 책망 – 책망(rebuked, 히 12:5)

바울은 사도행전 16장에서 어떤 "교훈"을 얻었고, 다윗은 사무엘하 7:7-12에서 어떤 "훈계"를 얻었다.

『**너희 자녀들을 성나게 하지 말고**』(4절). 계속해서 방황하고, 불안해하고, 화를 내고, 좌절하는 자녀는 "새로운 혁명론자"(볼셰비키)나 "히피"(마약 중독자), "신도덕 주창론자"(섹스 강박관념), "음악을 통한 인종의 대화"(아프리카 저속 음악) 등으로 달려가서 사랑과 위로를 찾고자 할 것이다. 호통과 명령 일변도 문제이고, 지나치게 귀여워하고 너그러운 것도 문제이다. 주님께서는 그분의 사랑하시는 자들(긍정적)을 매질하신다(부정적). 너무 많은 매는 반항과 건달짓을 낳으며, 너무 많은 사랑은 범죄와 의존심을 낳는다(잠 22:6 주석 참조).

『**종들아, 육신에 따른 주인들에게... 복종하되... 그리스도께 하듯 하고**』(5절). 본문의 훈계가 에베소서 5:22의 "주께 하듯 하라"와 얼마나 잘 어울리는지 보라.

이것은 고용주와 고용인의 관계가 아니라, 종과 주인의 관계에 대한 것이다. 남북전쟁과 노예제도에 대한 어떤 개인의 견해와 상관없이, 이 사실들은 진리이며 아무도 그 진리를 바꿀 수 없다.

1. 신약은 종은 주인이 있는 곳에 머무르며(고전 7:20-22) 섬겨야 한다고 말한다.

2. 신약은 설교자가 만약 이것을 전파하지 않는다면 그는 "교만해서

아무것도 아는 것이 없다."(딤전 6:1–4)라고 말한다.

3. 신약은 구원받은 주인과 구원받은 종 사이의 속박을 인정하며(딤전 6장, 엡 6:9), 그 관계에 대한 교훈을 준다.

4. 노예는 처음부터 함족의 제도였으며, (이스마엘에게서 나온) 아랍 노예상인들은 영국인이나 네덜란드인이 바나나를 싣기 위해 배를 대기 전에 이미 아프리카인들을 노예로 팔았다.

5. 1700년과 1900년 사이에 미국으로 팔려간 아프리카인들은 빈민가에만 사는 것이 아니라, 두 개의 차고와 수영장, 고급 낚싯대와 골프채, 최고급 침실과 욕조, 요트, 캐딜락 등을 가지고 있기도 하다. 당신은 많은 인종차별주의자가 "남부는 흑인들 때문에 많은 빚을 지게 되었다."라고 말하는 것을 들었을 것이다. 그 빚은 1940년 이전에 적어도 두 배는 갚은 것이다. 만일 이것에 관해 어떤 의심이 든다면, "아무" 흑인에게든지 가서 그를 여행비 없이 나이지리아나 황금 해안(Gold Coast, 가나)으로 다시 보내 주겠다고 제안하고 그 뒤 어떤 일이 일어나는지 보라!

우리는 다시 남북전쟁을 하려 하는 것이 아니다. 종으로 있었던 오네시모는 오히려 케네디의 자가용 비행기를 탄 마틴 루터 킹 주니어보다, "마침내 자유"(Free at last)라고 말한 그자보다 더 "자유로웠다"(고전 7:20–22).

『**사람을 기쁘게 하는 자처럼 눈가림으로 하지 말고**』(6절). 이것은 감독자나 사장이 당신 앞에서 지적할 때까지 기다리지 말라는 것이다. 그리스도인의 일은 전능하신 하나님께서 감시하시며(고전 7:23), 그는 그가 행한 것을 보상받을 것이다. "순전한 마음으로 그리스도께 하듯 하고"(5절). 마틴 박사는 독자들에게 점진적인 노예제도 폐지가 기독교의 부산물이라고 잘못 설명하였다. 미국에서의 노예제도 폐지는 경제적인 동기가 저변에 깔린 정치적인 운동이었으며, 거기에 동조한 그 당시의 설교자들의 "그리스도인의 양심"은 반기독적이었다. 이것은 우리 앞에 놓인 본문 말씀을 볼 때 매우 분명하다. 마틴 박사가 반성경적인 기독교라고 말했다면, 그가 진리를 말한 것이지만, 그는 참된 성경적인 기독교가 노예제도 폐지를 가져왔다고 은근히 비추었다. 세상에서 가장 규모가 큰 노예 매매는 "노예해방 선언"이 있은 지 50년 이후에 유럽에서 있었으며, 1938-1950년 사이의 유럽의 노예들은 1800-1900년 사이의 미국보다 더 많은 상태였다. 더욱이 오늘날 노예 거주지에는 수백만의 노예들이 있으며, 미래에는 더 많아질 것이다(계 6:15).

법칙은 폐지되지도 않았고 무시되지도 않았다.

방법을 바꾸고, 정의를 바꾸며, 외양을 바꾼다 하더라도 모든 일은 다 잘될 것이라고 믿는 어리석은 자들만 미끼를 물 뿐이다. 마틴 루터 킹 주니어는 꿈이 있었다(렘 23:25 참조). 그의 꿈 중에서 실현될 수 있는 유일한 부분은 수동적이고 로봇 같은 혼혈 인종에 대한 것이다(계 5-19장).

7절과 8절은 별 다른 설명이 필요 없다. 8절의 "종이나 자유인을 불문하고"라는 말을 주목하라.

『또 주인들아, 너희도 그들에게 동일하게 행하고 위협을 그치라. 이는 너희의 주인도 **하늘에 계시며 그분은 사람을 외모로 판단하지 않으심을 너희가 알기 때문이라』**(9절). 본문의 후반부는 인종통합론자와 통합을 주장하는 국제 사회주의자에 의해 "알리바이"로 이용되었다.

성경에서 하나님께서는 사람을 외모로 판단하지 않으신다는 표현이 나오는 모든 곳을 주목해 보라(대하 19:7, 행 10:34, 벧전 1:17, 약 2:9, 롬 2:11, 골 3:25). 그것은 영적인 문제에 있어 각 개인에 대해 하나님께서 취하시는 자세이다. 거듭나지 않은 전미흑인향상협회(NAACP)의 설교자(고후 11:10-14)나 에큐메니칼 공회의 설교자들(마 23:1-13)만이 이 구절들을 사사로이 해석하여 사회적 문제나 육체적인 문제로 다룰 수 있다. 하나님이나 성경은 단 한 번도 "모든 사람을 평등하게 창조하셨다."라는 표현을 링컨이나 이슬람교도나 프랑스 혁명이 의미한 대로 사용하지 않으셨다.

우리는 성경을 거부하고 과학을 숭배하는 이 시대의 죄인들이 국제 사회주의를 실행하는 것을 참아야 하지만, 그 운동을 지지하거나, 그 운동을 하는 자들에게 친절하게 말하거나, 그것을 믿는 자들과 교제하거나, 성경으로 정당화하려고 시도하거나, 성경적 기독교와 상관이 있는 것처럼 가장해서는 안 될 것이다.

인종통합을 쉴 새 없이 지껄여대는 자들은 자신들의 자녀를 사립학교에 보내고(워싱턴 D.C의 국회의원들을 보라.), "하나님의 아버지 되심과 인류의 형제 됨"에 대해 이야기하는 어리석은 그리스도인들은 평생에 단 한 명의 흑인도 그리스도께로 인도한 적이 없다. 보다시피 "고집쟁이들"은 성경대로 믿는 근본주의자들에게만 국한되지 않는다. 당신이 만날 수 있는 가장 완고하고 편협한 고집쟁이들은 바로 20세기의 자유주의 목사와 자유주의 신학자일 것이다. 그들의 편협성은 "종교개혁 성경"인 <킹제임스성경>에 대한 보수주의 학자들의 불타는 증오심과 비길 만하다.

하나님의 말씀은 "주인"이 "종"을 올바로 대해야 한다고 말씀한다. 그는 종에게 위협해서는 안 된다. 그는 종이 만일 구원받지 못한 자라면 사람처럼 대하고, 만일 그가 구원받은 자라면 그리스도인 형제로 대해야 한다(빌레몬). 러시아, 루마니아, 유고슬라비아, 헝가리, 중국, 라트비아, 리투아니아에서 그리스도인을 추방하기 위해 국제 사회주의자들이 했던 것은 "모든 사람이 평등하게 창조되었다."라고 믿는 사람들의 전형적인 예이다. 엉클 톰이 시몬 리그리에게 당한 것은 마르크스와 다윈을 추종하는 자들에게 리차드 움브란트가 당한 것보다 오히려 나은 편이다.

미국 대법원이나, 전미흑인향상협회, 인종평등회의(CORE), 전미교육협회(NEA) 같은 공산주의 기구가 어떻게 성경에서 구분하는 "구원받은 자와 잃어버린 자"를 항상 무시하는지를 주목해야 한다. 그들이 "하나 됨"과 "통합"을 말할 때, 그들은 성경에서 그 단어가 어떻게 사용되었는지에 대해 관심도 기울이지 않는다. 성경은 사람이 거듭나지 않는 한 "통합"이나 "하나 됨"을 말하지 않는다(고후 5:14). 이것이 그리스도인의 입장이다. 자유주의자들의 입장은 엥겔과 마르크스의 입장이다. 그들은 성령으로 태어나지 않았기에 어떤 영적인 차이들도 깨닫지 못한다(요 3:3-5).

6:10 **끝으로 나의 형제들아,** 주 **안에서와 그의 힘의 능력 안에서 강건하라.**

11 **너희는 마귀의 술책에 대항하여 설 수 있도록** 하나님의 **전신갑옷을 입으라.**

12 **이는 우리의 싸움이 혈과 육에 대항하는 것이 아니라 정사들과 권세들과 이 세상 어두움의 주관자들과 높은 곳들에 있는 영적 악에 대항하는 것이기 때문이니라.**

13 그러므로 너희는 하나님의 전신갑옷을 입으라. 이는 너희가
악한 날에 저항할 수 있으며 또 모든 일을 다 이루기까지 서
있게 하기 위함이니라.
14 그러므로 서서 진리로 너희의 허리띠를 두르고 의의 흉배를
붙이고
15 화평의 복음을 준비한 것으로 너희 발에 신고
16 모든 것 위에 믿음의 방패를 가짐으로써 능히 너희가 악한
자의 모든 불붙은 화살을 끌 수 있을 것이라.
17 또한 구원의 투구와 성령의 칼, 곧 하나님의 말씀을 가지고
18 모든 기도와 간구로 항상 성령 안에서 기도하고 이를 위하여
모든 성도들을 위해 모든 인내와 간구로 깨어 있으라.
19 그리고 나를 위하여서는 내게 말씀을 주시어 내 입을 열어 담
대하게 복음의 신비를 알리게 하도록 기도하라.
20 이를 위하여 내가 사슬에 묶인 대사가 된 것은 나로 하여금
마땅히 할 말을 담대히 하게 하려는 것이니라.

계속해서 본문은 성도들의 영적인 전쟁에 관련된 매우 투쟁적인 구절들로 이어진다. 성도들의 인도자는 "대장"(히 2:10)이시며, 이 대장은 "예수 그리스도의 훌륭한 군사"로서 반드시 고난을 견뎌 내야 하는(딤후 2:3) 군대를 가지고 계신 "전사"(출 15:3)이시다. 그들은 전쟁이라 불리는 "선한 싸움"을 싸운다(딤후 4:7). 이 군대를 향해 얼마나 많은 반대자들이 있다 하더라도 참된 성경대로 믿는 사람은 대적들과 맞서서 끝까지 싸우는 훈련되고 무장한 군사이다.

『주 **안에서와 그의 힘의 능력 안에서 강건하라**』(10절). 우리의 만족은 명백히 우리 자신이 아니라 주님께로부터 나오는 것이며(고후 3:5), 우리는 육신을 신뢰하지 않아야 한다(빌 3:3). 이 전장에서 행군하는 자들은 자신의 교육, 지혜, 재능, 돈, 머리, 교양, 배경, 혈통, 명성, 성품, 타고난 능력 등을 의지하지 않는 것이 낫다. 왜냐하면 이 대적은 "울부짖는 사자"이며(벧전 5:8, 딤후 4:17), 그는 6,000년의 인류 역사에서 단 한 분(골 2:15)을 제외하고는 성공적으로 모든 사람을 물리친 강한 자이기 때문이다.

기드온의 300용사는 M-16과 75mm무반동기관총, 바주카포, 수류탄, 네이팜탄, 모제르 소총, 총검, 참호용 단검, 톰슨 기관단총, 도끼, 삽, 브라우닝 자동소총, 박격포, 탱크, 대포, 전투기를 가지고 싸우지 않았으며, 우리 역시 마찬가지이다(고후 10:4).

『하나님**의 전신갑옷을 입으라**』(11절). 본문에 묘사된 갑옷은 명백히 1세기 로마 보병의 갑옷이다. 이것은 시대와 상관없는 보병의 전형적인 모습이다. 어떤 전쟁이든 보병이 차지하는 비중은 매우 크다. 전쟁에서는 왕이든, 장군이든, 귀족이든 모두 보병에게 죽임을 당할 수 있다. 장기에서도 마찬가지가 아닌가? 장기에서도 졸(또는 병)이 차나 포, 마, 상을 잡을 수 있으며, 심지어 왕을 위협하여 장군을 부를 수도 있다. 모든 전쟁은 실제로 신분이나 계급을 초월하는 것이기 때문에 모든 전쟁은 결국이 졸(卒)에게 달려 있다. 당신이 어떤 나라를 다스리려면 어떻게 해야 하는지 아는가? 당신이 나라를 다스리려면 먼저 그 나라를 소유해야 한다. 당신이 그 나라를 소유하려면 당신이 그 나라를 점유해야 하며, 그러기 위해서는 먼저 당신이 직접 싸워야만 한다.

누군가가 전쟁은 지옥과 같다고 말했다. 이것은 적절한 말인데, 왜냐하면 지옥의 모든 요소들이 전쟁 안에 있기 때문이다. 그곳에는 혼란과 저주, 울부짖음과 절규가 있으며, 절망과 불길, 모든 불행과 슬픔, 광기, 더러움으로 가득 차 있기 때문이다.

그러나 현대의 그리스도인들은 이 같이 피비린내 나는 전쟁에 임하는 군사로서의 각오가 없다. 그들은 심지어 자신이 그리스도의 군사라는 찬송가를 부를 때도 그 가사가 무엇을 의미하는지 실제로 자각하지 못한다.

오늘날 대부분의 신학교에서는 "그리스도의 군사"를 훈련하지 않고 있다. 그들은 직접 전투에 참여하지 않는 행정관이나 양산할 뿐이다. 그들은 에베소서 6장의 참된 의미를 알지 못하는 것이다. 그들은 실제로 칼을 어떻게 다루어야 하는지도 알지 못한다.

당신은 참으로 화약 냄새가 나는 그리스도의 보병을 만난 적이 있는가? 아마 바울이 그런 종류의 그리스도인일 것이다.

그렇다면 당신은 어떤 종류의 그리스도인인가?

군사는 반드시 용기가 있어야 한다(13절). 그는 견고하게 서서 적을 대적하여 호통 쳐야만 한다(벧전 5:9). 그는 죽기까지 싸워야만 한다(삼하 10:12). 그는 자기가 밟고 있는 땅 한 발자국마다 평당 1억이 넘는 것처럼 굳세게 투쟁해야 한다.

개개인의 보병들은 전투에서 다른 모든 조건들이 동등할 때 결정적인 요소들이 된다. 아니 다른 조건들이 조금 차이가 있다 하더라도 그 차이를 뒤집을 수 있는 결정적인 요소는 바로 보병들이다(게티즈버그 전쟁, 모스크바 전쟁 등). 직접 전쟁에 임하는 군사들의 사기와 결의와 전쟁 수행 능력은 전혀 예상을 뒤엎을 수도 있다. 개개인의 군사들이 자기 "나라"(빌 3:20)를 위해 역사상 그 어떤 전투에서보다 더 크게 기여할 수 있는 것이 바로 그리스도인의 전쟁이다. 인류 역사에서 바울, 웨슬리, 존 후스, 딘 버간, 밥 존스 시니어, J. 프랭크 노리스, 피터 왈도, 빌리 선데이, 마틴 루터, 조나단 고포스 같은 사람들의 영향력은 헤아릴 수도 없을 정도이다. 그들은 악과 어두움의 세력에 대항하여 수백만의 거듭나지 못한 채 지옥으로 가고 있던 무수한 사람들을 구해낸 것이다. 심지어 롬멜이나 샤를마뉴, 나폴레옹, 패튼, 모택동, 베드포드, 포레스트, 네이, 잽 스튜어트, 잭슨, 리, 캐슬링 등의 사람들도 휴스, 사보나롤라, 허브마이어, 폭스, 휫필드, 태넌트, 모리슨, 얼, 움브란트, 페이슬리, 피터 왈도, 위클리프, 패트릭, 알반, 콜럼바, 레이먼드 등과 비교할 수 없다.

『**너희는 마귀의 술책에 대항하여 설 수 있도록** 하나님**의 전신갑옷을 입으라**』(11절). 마귀는 그의 수하에 정사들, 권세들, 보좌들, 통치자들, 왕들, 시장들, 교황들, 주교들, 철학자들, 과학자들, 군대들, 해군들, 왕국, 공회, 교육가들을 두고 있다(계 12:9). 마귀는 러시아가 50년이 걸려도 모으지 못하는 군대를 24시간 내에 모을 수 있다. 그의 군대들은 세기를 계속해서 있어 왔다. 그는 무신론자, 성도착자, 호색가, 우상 숭배자, 마귀들, 거짓말쟁이들, 강도, 부정부패 관료, 살인자, 약탈자뿐만 아니라 보수주의 신학자, 근본주의 목사, 거듭난 그리스도인, 자선사업가, 박애주의자, 경건한 금욕주의자, 구령하는 목사, 복음전도자, 심지어 다윗(삼하 11장), 베드로(마 16:23), 바울(행 15:39), 모세(민 20:12)까지 동원할 수 있다.

"원본을 회복"하고 "의미를 보존"하고자 열망하는 자들은 모든 그리스도인들 중 가장 호전적인 것처럼 보이지만, 그들의 사역은 군대의 최전방을 고의로 파괴하고, 최전방으로 갈 식량배급을 다 먹어 치우고, 급양대를 끊어놓고, 명령체계를 봉쇄하고 난 뒤, "원 제복"(최초의 원본)을 입고 뽐내며 다니는 것이다. 기독교계에서 그리스도인들을 가장 혼란시키는 무리들은 <킹제임스성경>을 공격하는 학자들과 신학교 교수들이다. [실제 전쟁에 참여해 본 경험이 있는 자들은 적들이 반격하는 최전방에서 자신의 무기를 분해하는 것이 얼마나 위험한 짓인지 알 것이다.]

갑옷은 7가지로 이루어져 있다.

1. 허리띠
2. 흉배
3. 군화
4. 방패
5. 투구
6. 칼
7. 정강이받이(경갑)

이 군사는 기병대의 공격과 적군의 날아오는 화살을 버티기 위해 무릎을 꿇고 있기 때문에 마지막 항목은 언급되어 있지 않지만, 그의 무릎은 보호되어 있다(18절).

또한 갑옷의 등갑 역시 언급되어 있지 않은데, 이는 그 군사가 적에게 등을 돌리지 않고 정면으로 대항하기 때문이다. 이것은 두 가지를 암시하는 데, 첫 번째는 만일 그가 등을 돌리고 도망간다면 등에 화살을 맞을 것이라는 사실이다. 두 번째는 그가 최전방에서 적들을 향해 공격을 압박해 갈 때 그의 부대원이 그를 쏠 수도 있다는 말이다.

버간, 왈도, 밀러, 힐즈, 레이, 풀러, 윌킨슨, 루터, 휫필드, 선데이, 토레이, 피니, 스코필드, 라킨, 펨버, 페이슬리, 움브란트, 포포프, 워치만 니는 최전방에서 적들의 동태를 간파하는 뛰어난 척후병들이다. 그러나 대부분의 군대들은 전투시 후방에 머물러 있다.

그러나 이 치열한 영적 전쟁에서 퇴각은 결코 있을 수 없다.

『**대항하여 설 수 있도록**』(11절). 이 모습은 적의 공격에 대항하기 위해 정렬한 고대의 전투를 보는 듯하다. 그들은 서로 어깨를 맞대고 서 있다. 그들의 피부색이나 기준들은 중요하지 않으며, 그들은 적을 대항하여 함께 있는 것이다. 이와 같이 고대 전투의 모습에서 나온 찬송가들이 많이 있다. 이런 찬송가들은 대부분 1900년대 이전에 지어진 것들이다.

그 뒤로는 모든 군대들이 은퇴하여 고향집으로 가버렸단 말인가?

현대의 전쟁들은 융통성이 있고, 유동적이며, 변덕스럽고, 치명적인 숨바꼭질 게임이다. 만일 그가 깃발을 가지고 척후병처럼 앞으로 진격하면 목표물이 될 뿐이다.

그러나 영국식 방진에서는 만일 한 사람이 열에서 이탈하면 구멍이 생기게 된다. 심지어 현대의 공격에서도 하나의 소총 부대가 낙오하면 다른 부대의 측면이 적에게 포위될 수 있다. 개개의 병사들은 전투선을 방어하는 데 필수적이다. 그의 사기, 용기, 결단력은 늘 문제를 해결하는 열쇠가 된다. 트렌치, 알포드, 웨스트, 게벨라인, 잉글리쉬, 엡, 풀러, 디한, 티엠, 윌버 스미스, 존 알 라이스, 워즈워드, 빈센트, 밥 존스 3세, 렌돌, 로버트슨, 살몬드, 메이첸, 워필드가 마귀에게 틈을 주고 전열을 흩뜨릴 때,

전체 군대가 동요하며 붕괴의 위험에 처하게 된다. 만일 어떤 사람이 "종교개혁 성경"인 <킹제임스성경>을 버리게 되면, 그는 형제들을 적의 공격에 노출시킨 채 도망쳐버린 탈영병과도 같은 것이다. 모든 비평가들과 성경을 변개시키는 무리들은 "마귀의 술책"에 대항하지 않고 타협하였다. 그러나 진정한 군사는 마귀의 "계략"을 모르지 않는다(고후 2:11). 그의 첫 번째 공격 대상은 구원이나 거듭남, 그리스도의 신성, 피의 속죄, 부활, 재림, 성별, 헌신, 구령이 아니라 바로 하나님의 말씀인 성경이다(창 3:1). 그들은 이와 같은 것들을 가지고도 하나님의 말씀을 대적하게 만드는 교묘한 술책과 계략을 지니고 있다.

『**이는 우리의 싸움이 혈과 육에 대항하는 것이 아니라... 높은 곳들에 있는 영적 악에 대항하는 것이기 때문이니라**』(12절). 이것은 에베소서 2:1-3과 요한복음 14-16장, 다니엘 9-11장의 통치자이다. 그의 수하들은 현 세상체계를 움직이고 있다(눅 4:1-12). 당신은 다 자란 야생의 아프리카 사자와 싸워본 적이 있는가?(벧전 5:8) 만일 그렇다면, 그 경험은 쉽게 사자와 다시 싸울 엄두가 나지 않게 할 것이다(욥 41:8). 당신이 그와 같은 강적을 이기려면 이쑤시개나 과일 깎는 칼보다는 더 나은 무기가 필요할 것이다.

『**설 수 있도록... 대항하는 것이기 때문이니라... 서 있게 하기 위함이니라. 그러므로 서서**』(11-14절). 넘어지지 말라. 당신은 끝까지 굳게 서 있어야 한다. 마지막 총알을 쏠 때까지 서 있지 않으면, 당신은 이 싸움에서 이길 수 없다.

20세기의 기독교 지도자들 대부분이 거듭나지 않은 독일의 병사와 비교해볼 때 얼마나 군인답지 못한가! 1944년 겨울에 러시아인들은 스몰렌스크 밖의 참호에서 19살 된 하사관을 발견했다. 그는 그의 전 소대원들을 잃어버렸다. 그의 총은 사용할 수 없는 상태였다. 그는 죽은 소대원의 탄약통을 뒤져서까지 계속 총을 쏘아 댔던 것이다. 그는 자신의 소총들까지 다 쏘아 댔다. 붕대로 감싼 그의 한쪽 팔은 여전히 피가 흐르고 있었다. 영하 30도나 되는 얼어붙은 참호의 가장자리에서 어떤 유용한 무기도 없이 앉아 있었다. 그리고 러시아인들이 총검을 그의 가슴에 대고 손을 들 것을 말하자, 그는 그들에게 침을 뱉었다.

당신은 이렇게 사기가 충천한 그리스도인들을 만나 본 적이 있는가?

『**설 수 있도록... 서 있게 하기 위함이니라. 그러므로 서서**』. 한 전쟁터에서 독일어를 할 줄 아는 영국인이 부상을 입었다. 독일군이 반격하는 동안 그는 죽은 체하며 누워서 한쪽 눈을 살며시 뜨고 그 광경을 보고 있었다. 그 때 그는 한 독일군 소령이 눈길을 걸어가다가 갑자기 멈추어 쓰러지는 것을 보았다. 그는 누군가에게 총을 맞았던 것이다. 영국인은 꼼짝도 않은 채 계속해서 죽은 체하고 있었다. 3분쯤 지난 후 30피트도 떨어지지 않은 곳에서 옷이 피로 흠뻑 젖은 채 쓰러져 있던 그 독일군 소령이 다시 똑바로 서는 모습을 볼 수 있었다. 그 모습에 놀라서 그는 잠시 동안 얼어붙은 듯이 경직했다. 눈보라 속에서 그 독일 장교는 마치 상관이 그곳에 있는 것처럼 그의 발꿈치를 붙여 경례하고, 자신의 관등성명과 자신의 사망 시간을 보고하였다. 그리고 나서 그는 큰 소리로 "하일 히틀러!"라고 말한 뒤 눈 속에서 쓰러져 죽었다.

이와 같이 강인한 그리스도인을 만나 본 적이 있는가?

오히려 이러한 유형의 그리스도인은 오늘날의 그리스도인들에게는 철천지원수로 여겨지고 있다. 이러한 경향은 바로 올바른 하나님의 말씀을 버리고 성경을 변개시킴으로 가속화되었다. RV나 ASV의 성경 개정 위원회들은 모두 이러한 군사와는 거리가 멀다. 올바른 성경을 가지고 성경대로 가르치지 않는 한 아무도 그리스도의 훌륭한 군사가 될 수 없다. 독일 병정과도 같이 강인하고 사기가 충천한 군사는 인가난 신학교보다는 프랭크 노리스의 교회 주일학교의 소년들 가운데서 찾아보는 편이 훨씬 더 현명할 것이다.

『**그러므로 너희는** 하나님**의 전신갑옷을 입으라**』(13절). 성경은 전신갑옷을 입으라고 말한다. 단지 방어를 위한 무기(16절)나 공격을 위한 무기(17절)로만 무장하지 말라는 것이다. 모든 전투는 두 가지 요소로 이루어지는데, 그것은 바로 공격과 방어다. 상대 선수에게 공격을 가하는 권투선수나, 적에게 총검으로 공격을 가하는 군인이나 모두 방어를 게을리하지 않는다. 권투, 유도, 합기도, 태권도, 가라데, 쿵푸, 레슬링, 격투기 등 모든 시합에서 수비나 방어는 공격과 동일하게 중요하다. 펜싱 선수도 찌르기도 하지만 피하기도 해야 한다. 검도 역시 피하기도 해야 하지만 상대방을 치기도 해야 한다. 공격과 방어는 모두 필수적인 요소들이다. 아무것도 없이 믿음의 방패만 가지고 있는 그리스도인들은 하나님을 위해 어떤 공격도 하지 못한다. 반대로 아무것도 없이 성령의 칼만 가지고 있는 그리스도인들도 전쟁에서 상처를 입고 쓰러지고 말 것이다. 당신에게는 이 두 가지가 모두 필요하다.

『**그러므로 서서**』(14절). 전능하신 하나님 앞에서 "<킹제임스성경>에서 장과 절의 숫자, 단락의 제목, 이탤릭체, 비논리적인 단어들, 다른 책들로부터 추가된 것, 마가복음의 마지막 구절들, 요한일서 5:7, 후대 필사본에서 온 것들만 제외한다면 그것은 하나님의 말씀이다."라는 실없는 소리를 하지 말라. 군사여, 서 있으라! 등을 돌리고 도망가지 말고 적과 대항하여 서 있으라.

『**그러므로 서서**』(14절). 근본주의자들이 서 있던 곳에 서지 말고 루터가 서 있던 곳인 하나님의 말씀에 서 있으라. 자신을 살펴보라. 완전히 무장한 채 갑옷을 입고(딤후 2:1-4), 당신의 명령자이신 주의 군대의 대장과 함께(수 5:15) 전투에 임하라. 전투가 시작되기 직전에, 주석가들과 신학자들과 목사들이 당신 뒤에서 "절대무오한 성경 같은 것은 없어."라고 말한다. 당신은 어떻게 할 것인가? 새가슴 같고 소심하며 겁을 집어먹은 창백한 얼굴로 꽁무니를 뺄 것인가? 당신의 "칼"(17절)을 내동댕이치고, "방패"(16절)를 내려놓은 뒤 "맨발로"(15절) 적군에게 달려가서 "당신이 이겼소! 당신은 신학을 공부했고, 박사학위도 있으니 당신이 이겼단 말이오. 나는 그렇지 못하오."라고 외칠 것인가!

왜 하나님께서 기드온에게 자원해서 모인 32,000명의 대부분을 내버리게 하셨는지 알고 있는가? [그러한 겁쟁이들은 그 수가 아무리 많아도 소용이 없다. 그들은 전쟁이 시작되기도 전에 혼비백산하여 도망치고 말 것이기 때문이다.]

『**진리로 너희의 허리띠를 두르고**』(14절). 사람의 힘은 바로 허리에 있으며, 종들도 그가 섬기기 위해 허리띠를 졸라 맨다(요 13장). 이 부르심은 성실함과 신실함으로 허리띠를 맨 솔직하고 정직하며 편견 없는 자를 위한 것이다. [속이기 위해 고안된, 혼합되고 부패된 마음에서 나온 성경 주석들은 그들의 마음만큼이나 복잡하고 난해하여 어떤 진리도 찾을 수 없다.]

『**의의 흉배를 붙이고**』(14절). 이것은 성도 개인의 의를 말한다. 즉 구원받은 그리스도인들에게 이미 하나님께서 주신 의 위에다 에베소서 4,5장에서 언급된 실천적인 명령들을 행하는 것을 말한다. 성도들은 이미 하나님의 의(롬 10:1-3, 고전 1,2장)를 가지고 있으나, 이제는 전투에 임하기 위해 그 의를 실제로 붙여야 한다.

『**화평의 복음을 준비한 것으로 너희 발에 신고**』(15절, 롬 10:15 참조). 모든 학자들이 본문의 의미를 왜곡시키는데, 왜냐하면 그들 중 10%도 다른 사람들에게 복음을 전파하지 않기 때문이다. 그들은 본문이 의미하는 것이 "화평의 복음"이 아니라 단지 "화평"인 것처럼 말한다. 그렇게 해서 그들은 "복음을 전파할 것을 준비하라"는 명령을 제거해 버렸다. 결과적으로 살몬드, NEB, <필립스 역본>, 더멜로우, 제미에슨, 포셋, 브라운, RSV 등은 이 말씀의 올바른 진리를 보여 줄 수 없게 되었다.

본문은 그리스도인들이 어디를 가든 "화평의 복음"을 전파할 준비를 하라고 말하고 있다(출 12:4-9 참조). 그러나 본문을 변개시킨 학자들은 복음을 전파하지 않을 뿐 아니라 복음을 전파할 준비도 하지 않는다.

월터 윌슨 박사나 웨일스의 빌리 브레이는 본문의 의미를 정확하게 알고 있었으며, 이는 물론 그들이 <킹제임스성경>을 통해 성령님께서 주신 교훈을 수용했기 때문이다. 그러나 케네스 웨스트는 RSV(1946)의 견해를 취함으로 진리를 떠나 버렸다.

존 웨슬리는 고속도로에서 강도가 그의 가방을 뒤질 때에도 복음을 증거했을 것이다. 베자도 궁정에서 사제와 수녀와 추기경들에게 증거했을 것이다. 토레이는 댄스파티에서 죄인들에게 복음을 증거하였다. 나도 (오직 하나님의 은혜로) 스케이트장에서, 식당에서, 자동차전용 극장에서, 테니스 코트에서, 이발소에서, 당구장에서, 또 한 번은 교통사고 이후 찌그러진 차 안에서도 복음을 증거하였다. 오늘날에도 많지는 않지만 교도소에서, 해변에서, 호텔 바에서, 법원에서, 그리고 전쟁 중에도 복음을 증거하는 그리스도의 군사들이 있다. 그러나 이들 중 아무도 라잇풋, 클라크, 레인지, 더멜로우, 엘리콧, 트렌치, 드라이버, 게세니우스, 케일, 델리취, 샤프, 웨스트코트, 홀트, 제미에슨, 포셋, 브라운, 알포드, 빈센트, 모울튼, 밀리건, 메이어, 아봇, 럭커트, 블레이키나, NASV 위원회의 번역자들과 비슷하지 않다. 한쪽은 군사들이고, 다른 쪽은 풋내기들에 불과하다.

『**모든 것 위에 믿음의 방패를 가짐으로써 능히 너희가 악한 자의 모든 불붙은 화살을 끌 수 있을 것이라**』(16절). 그들은 화약이 발명되기 오래 전에 이미 포격전을 벌였으며, 시저 시대 훨씬 전에 이미 근동을 향해 불붙은 화살로 공격하는 것을 볼 수 있었다. 그들은 화살과 창을 아마나 양모에다 기름을 적셔 불을 붙인 채 사용하였다. 이것들은 최초의 네이팜탄이나 화염방사기 같은 것들이며, 그들은 현대전에서처럼 사람을 불태워 죽였던 것이다. [사람들은 언제나 사람을 죽이는 것과 자기

보호에 있어 현명하다. 이 부분만큼은 12살 난 베트콩 원주민 소년이 펜타곤의 가장 뛰어난 과학자만큼 현명한 것이다.]

욥은 "불붙은 화살" 같은 것을 알고 있었다. 예레미야나 바울도 그를 향해 던지는 무기를 알고 있었다. 주 예수 그리스도께서는 가슴에 온갖 상처를 입으셨지만(사 53장, 골 2장), 조금의 흉터만 남고 회복되셨다. 가난은 우리의 믿음을 시험할 것이다. 일가친척과 사별하는 것이 우리의 믿음을 시험할 것이다. 마귀는 하나님의 말씀과 하나님의 신실하심에 대해 의심하게 함으로 우리의 믿음을 시험할 것이다. 질병과 외로움이 우리의 믿음을 시험할 것이다. 믿음의 방패 없이 이 싸움에 뛰어드는 그리스도인은 말라리아 예방약이나 모기장 없이 태평양 솔로몬 제도에서 벌어지는 작전에 참여한 해병대와도 같다.

『**또한 구원의 투구와** 성령**의 칼**, **곧** 하나님**의 말씀을 가지고**』(17절). 모든 군사들은 어떤 종류의 투구든지 머리에 쓰고 있어야 한다. 육군이나 해군, 해병대, 공군, 공수부대는 모두 그것이 베레모라 할지라도 어떤 종류이든 투구를 쓴다. 손이나 발, 팔, 다리 등 다른 부위는 상처를 입거나 절단되더라도 회복될 수 있지만, 머리가 잘리면 회복은 불가능하다. 데살로니가전서 5:8은 본문에 대한 정확한 관련 구절이다.

그러나 다시 한 번 더 우리는 사자굴 속으로 넘어지고 말았다!

『성령**의 칼**』(17절). "칼"(sword)이라는 말은 "말씀"(word)이란 영어 단어 앞에 "s"가 붙은 것이다.

"성령의 칼"은 성도들이(시 149편) 들고 다니는 히브리서 4:12의 양날이 있는 칼이며, 휘두르면 피가 낭자해진다(렘 48:10, 삼하 1:15). 이 무시무시한 무기를 사용하는 것은(판 3:21) 지위고하 여부와 상관이 없으며, 그들의 전체 생애를 드려 칼날을 무디게 만들려는 자들은(1880년대 이후의 대부분의 학자들, 주석가들, 신학자들) 오히려 양날이 있는 칼에 의해 그들 자신이 상처를 입을 것이다.

만일 말씀이 칼이며 그것을 사용하라는 명령을 들었는데도(눅 4:8) 그 칼을 찾을 수 없다면 어떻게 하겠는가? 다윗이 밤에 와서 창을 가져가 버린 사울의 꼴과 같지 않겠는가!(삼상 26:12) 삼손이 깨어나서 몸을 흔들어 버리려고 했으나 주님께서 떠나신 줄 알지 못한 것처럼(판 16:20), 당신도 전투에 임하기 전에 이미 주님께서 떠난 것을 알지 못하지 않는가?(최초의 원본)

무엇이 하나님의 말씀인가? 바르트와 브루너가 말했듯이 설교가 하나나님의 말씀인가? 고센과 윌버 스미스가 말했듯이 믿음의 근본사항들인가? 존 R. 라이스나 노엘 스미스가 말했듯이 하나님께서 기록하셨으나 보존하실 능력이 없어서 잃어버렸다는 원본인가?

용감한 전우들이여, 와서 도우라! 우리의 수는 4,000대 1로 중과부적이다. 우리의 군량미는 썩어 버렸다. 우리는 엄동설한에 여름 군복을 걸치고 있다. 우리의 사상자는 거의 80%에 달해 전투가 불가능한 상태이다. 우리의 후방 보급선도 차단되었다. 우리의 차량들은 다 폭파당했다. 우리의 지원부대는 전멸하였다. 우리의 탄약을 실은 트럭도 폭격당했다. 적군이 무력으로 쳐들어오고 있다. 적의 포대가 올라오고 있다. 우리의 철조망은 이미 산산조각 났으며, 우리가 설치한 지뢰의 절반이 적들에 의해 파괴되었다. 긴급 상황이다. 속히 우리를 지원 바란다. 용감한 전우들이여, 속히 우리에게 무기를 지원해 달라!

밥 존스, 테네시 템플, 무디, 달라스, 풀러, 샌프란시스코, 사우스웨스트, 사우스이스트, 비올라, 필라델피아, 콜럼비아, 트리니티, 휘튼, 필즈버리 신학교 교수진들은 진짜 무기가 아닌 장난감만 갖다 주었다.

그러한 것들은 이 치열한 전쟁에서 필요 없는 것들이다. 그들이 요청받은 것들이 얼마나 심각한지를 알았다면, 앉아서 뜨개질이나 하고 있지는 않을 것이다. 우리는 진정한 군사를 원하는 것이다.

우리의 대장(히 2:10)께서는 자동소총으로 방해를 받으실 때도(눅 4장), "기록되었으되... 기록되었으되... 기록되었으되..."라고 말씀하심으로 단 번에 해치우셨다.

그러나 만일 주님께서 "고고학적 발견의 성과"와 "최근에 발견된 필사본들"의 유익을 인정하셨더라면, 이 상황에서 "더 나은 사본에는...," "이 단어가 이렇게 번역된 것은 불행한 일이며 그래서...," "이것은 원본의 의미를 충분히 반영시키지 못한 것으로...," "이 단어는 후대에 삽입된 것으로...," "이 같은 번역은 불가능하며..." 등의 말씀을 하셨을 것이다. 그러나 우리의 대장께서는 한 가지 칼을 가지고 계셨으며, 그것을 사용하셔서 원수를 치고(눅 4:4), 또 치셨다(눅 4:8). 대적이 그분의 칼이 무디어 사용하지 못할 것이라는 말로 주의를 환기시켰을 때(눅 4:10) 그분이 어떻게 하셨는지 알겠는가?

그분은 또다시 그 날카로운 칼로 내리치셨다(눅 4:12).

에훗이 했던 일은 자신의 단검을 바꾸는 것이 아니었다. 그는 단지 그 단검을 사용했던 것이다.

우리가 말하고 있는 이 전쟁은 M-16소총이나 기관총, 대포, 자동권총을 가지고 싸우는 눈에 보이는 전투가 아니다. 우리의 싸움은 영적 전쟁이며, 우리의 전쟁 무기 역시 『성령의 칼, 곧 하나님의 말씀』이라야 한다.

『**성령의 칼, 곧 하나님의 말씀을 가지고**』(17절). <필립스 역본>, NEB, <현대인을 위한 기쁜 소식>, <윌리엄스 역본>, <확대역본>, 렌돌, <강단의 주석>, <위클리프 주석>, 더멜로우는 모두 본문을 변개시켜 성령께서 칼을 갖고 계시지 않으며, 단지 칼을 제공하실 뿐이라고 한다.

그러나 이번에는 헬라어로도 그 문장이 너무나 명확하기 때문에 ASV나 RSV는 <킹제임스성경>에 있는 그대로를 고수하고 있다. 이러한 명백함에도 불구하고 폰소덴과 올샤우젠은 "성령의 칼"이 아니라 "말씀의 칼"이 되어야 한다고 억지 주장을 편다.

본문에서 보듯이 성령께서는 우리에게 칼을 제공하시지 않는다. 하나님의 말씀이 성령의 칼이다. 성령께서 칼을 갖고 계시며, 그 칼을 가지고 성령께서 사람들을 찌르고, 사람들을 베고, 사람들을 내리치고, 사람들을 자르고, 사람들을 난도질하며, 사람들을 꿰뚫는다(골 2:8 주석 참조). 성령께서는 칼을 제공하시지 않으며, 그렇게 기록된 헬라어 필사본은 하나도 없다. 그러한 본문 변개는 로마카톨릭의 <예수회 성경>을 따른 것이다. 그것은 결코 "성경"의 본문이 아니다. 본문은 하나님, 즉 성령님께서 "칼"(유일한 칼)을 갖고 계신다고 말씀한다. 그래서 <하나님께서는 한 가지 성경만을 쓰셨다>는 제목은 본문과 매우 잘 어울린다.

이 책은 에베소서 주석이지 "필사본 증거"에 관한 책이 아니지만, 여러 가지 다른 변개된 성서들로 당신을 오도하는 수많은 학자들과 박사들과 주석가들에게 속지 않게 하기 위해 필수적인 원서들을 몇 가지 소개하겠다.

1. <어떤 성경인가?, Which Bible?>, 데이비드 오티스 풀러

2. <킹제임스성경 수호, The King James Version Defended>, 에드워드 힐즈

3. <개역본을 개정하다, The Revision Revised>, 딘 버간

4. <필사본의 증거, The Christian's Handbook of Manuscript Evidence>, 피터 럭크만

[영어로 된 원서 외에도 이미 이 부분에 대해 한글로 나온 책들이 여러 권이 있다. 말씀보존학회에서 발간된 "바른 성경을 찾아서 시리즈"를 참고한다면 바른 성경에 대한 확고한 지식을 얻을 것이다. 특별히 <하나님께서는 한 가지 성경만을 쓰셨다>와 <섭리로 보존된 성경>을 읽어 보라. - 역자 주]

이 모든 책들은 어떻게 성경 변개가 지금까지 진행되어 왔는지에 대한 구체적인 정보들을 제공해 준다. 그것들은 단지 자신의 지식을 자랑하거나 뽐내거나 거들먹거리기 위해 쓰여진 책들이 결코 아니다. [그것은 오히려 새로운 번역본들을 판매하는데 열을 올리는 학자들의 주특기이다.] 그 책들은 단지 1880년부터 현재까지의 모든 성서들이 1582년 <예수회 성경>의 재판들이라는 사실에 그리스도인들의 관심을 주목시키고자 하는 것이다. 만일 이 사실을 당신이 아직 알지 못했다면 반드시 알아야 한다. 이 사실을 알지 못한다면 당신은 그리스도의 훌륭한 군사가 될 수 없기 때문이다.

20세기의 배교는 이러한 혼란을 바탕으로 급속히 확산되는 것이다. 현재의 배교는 세상에만 국한되는 것이 아니라, 주 예수 그리스도의 몸 안에서도 일어나고 있다. 그래서 지금은 위급한 전시 상황이다. 한 명의 정

예 군사가 아쉬운 때이다. 누가 "성령의 칼"을 들고 있는가? 속히 와서 도우라!

"성령의 칼"은 하나님의 말씀이며, "하나님의 말씀"은 성령의 칼이다. 우리는 절대무오한 하나님의 말씀을 가지고 있으며, 그래서 우리는 칼을 갖고 있는 것이다. 로버트 섬너는 자신은 "성경"이 영감받은 것을 믿는다고 말하지만, <킹제임스성경>이 절대무오하지 않다고 말함으로 의미 없는 농담만 던진 꼴이다. 그는 다른 수많은 학자들과 마찬가지로 자신의 학문과 지적인 능력을 신뢰함으로 인해 절대무오한 성경을 버린 것이다.

그가 믿는다고 말한 영감으로 기록된 성경은 아무도 읽어 본 적이 없고, 아무도 알 수 없고, 아무도 찾을 수 없는 과거의 잊혀져버린 책일 뿐이다. 그러므로 그의 믿음은 자신의 견해 외에는 어떤 절대무오한 권위도 없다는 선언인 셈이다.

이것은 공산주의자 칼 마르크스와 무신론자 톰 페인이 주장한 견해와 다를 바가 없다. 이들 역시 칼을 가지고 있지만, 그 칼은 "과학과 철학의 이론들 속에서 발견되는 이성의 칼"이다(골 2:8 주석 참조).

만일 당신이 이 칼을 가지고 전쟁에 임한다면 생계를 이어갈 수는 있을지 모른다. 그러나 당신이 하나님의 성경을 거부하기 위해 온갖 설명을 할 때(살전 2:13) 전능하신 하나님께서 당신에게 인간의 지혜가 얼마나 어리석은지를 보여 주실 것이다(고전 2:1-13).

『모든 기도와 간구로 항상... 기도하고... 모든 성도들을 위해... 그리고 나를 위하여서는... 내 입을 열어 담대하게』(18,19절). 바울은 데마나 마가 요한처럼 기도가 필요한 사람이며, 그는 그 사실을 알고 있었다(행 4:29; 6:4, 롬 15:30, 시 140:6 참조). 바람이 잔잔히 불 때는 아무나 복음을 전파할 수 있으나, 바람이 사납게 불고 무시무시한 소리를 낼 때에는(마 14장) "복음의 신비를 알리게" 하기 위해서는 초자연적인 담대함이 필요하다. 의로운 자들은 "사자처럼 담대하며"(잠 28:1 주석 참조), 교회사를 통해 그들은 목숨을 아끼지 않고 굳게 서서 담대히 외쳤다.

사보나롤라는 교황 알렉산더 6세가 그를 몰래 죽일 음모를 꾸미는 동안에도 공개적으로 복음을 전파하였다.

루터는 교황 레오 10세가 "거룩한 어머니 교회" 뒤에 숨어 있는 동안 자신의 생명을 위태롭게 하는 일들을 담대히 행하였다.

버간은 웨스트코트와 홀트가 몰래 라틴 벌게이트를 RV 위원회 안으로 들여오는 동안 RV 위원회를 공개적으로 호되게 꾸짖었다.

리차드 움브란트는 데오도르 엡이 감히 그 주제를 논의하는 것조차 하지 못하는 동안 베를린 국회에서 "그리스도인으로의 초청"(1966년 10,11월)에 대한 빌리 그래함의 서명을 요구하였다.

맥킨타이어가 영향력과 위신과 재산, 권리, 자유를 잃어버린 동안, 교황 바오로는 양키 스타디움에서 표를 판매한 수익금을 거둬들였다.

바울이 있는 곳에는 늘 데마가 나타난다.

밥 존스 시니어가 있는 곳에는 늘 파이크 주교가 나타난다.

J. 프랭크 노리스가 있는 곳에는 늘 조지 트루엣이 나타난다.

마틴 루터가 있는 곳에는 늘 멜란히톤이 나타난다.

패튼이 있는 곳에는 늘 아이젠하워가 나타난다.

R.A. 토레이가 있는 곳에는 늘 집시 스미스가 나타난다.

빌리 선데이가 있는 곳에는 늘 노만 빈센트 필이 나타난다.

J.J. 레이가 있는 곳에는 늘 벤자민 워필드가 나타나다.

올리버 그린이 있는 곳에는 늘 T.W. 윌슨이 나타난다.

바울이 "사슬에 묶인 대사"인 동안, 안티옥 교회로부터 육신적으로 분열해 나간 캠벨주의자들과 침례교회들은(빌 1:15) "새로운 회원들"을 자신들의 "성읍에서 가장 빠르게 성장하며 우호적인 교회"에 더하고 있는 중이다(빌 1:18). 그리고 바울은 그가 감옥에서 나올 때쯤이면 "아무것도" 배운 것이 없을 것이다. 왜냐하면 그는 펠릭스와 아그립파에게 했던 것과 동일한 어조로(행 24,25장) 네로에게 말할 것이기 때문이다(딤후 4:1-8). "어떤 사람들은 결코 배우지 않는다!"

사람들이 죄에 대해 담대하다면, 우리 그리스도인들은 죄를 꾸짖는 데 담대해야 할 것이다. 본문에 의하면 현대의 침묵을 지키는 그리스도인은 틀림없이 불명예제대를 당할 것이다. 전쟁 상황에서 보초를 서는 병사가 잠을 잔다면 그는 총살감이다. "깨어 있으라"(18절).

『**모든 기도와 간구로 항상... 기도하고**』(18절)가 의미하는 것은 어떠한 상황 속에서도 기도하라는 것이며, 모든 문제를 기도하라는 것이다(삼상 12:23, 딤전 2장).

바울은 전쟁에 관한 설교를 끝내고 있다. 바울 당시에 군대는 그 명령 체계가 확실한 독일 SS부대와도 같아서 그대로 명령을 복종했는데 비해, 시간이 흘러 오늘날의 군대는 소등 후에는 담배를 피울 수 없다는 명령을 듣고도 지키지 않는 히피 징집자들과도 같다.

장군의 명령을 마음대로 바꾸는 히피 상병들이 여기에도 있다. 상병 웨스트는 16절의 "악한 자"(the wicked)를 "유해한 사람"(pernicious one)으로 마음대로 바꿔 버렸다. 상병 웨이글(RSV)도 같은 절에서 "불붙은" (fiery)을 "불타는"(flaming)으로 변개시켰다. <확대역본>은 17절의 "구원"을 "구원하는 믿음"으로 바꿔 버렸다. 대위 쉐프(RV)에 의하면 12절의 "높은 곳들"은 "천상"이 되어야 한다. 블레이키 중위(강단의 주석)에 의하면 하늘은 지리적인 위치가 아니라 단순히 영적인 일들을 생각하는 것, 즉 하늘에 대한 생각들이라고 설명한다.

그러나 이것은 시작에 불과하다. 이와 같은 변개들은 수없이 많다. 드웻, 립시우스, 필립스, 도드, 렌돌, 아봇의 사견들은 명령을 더 심하게 왜곡시켰다. 상병 라잇풋, 벵겔, 메이어, 워즈워드도 명령에 사견을 첨가했으며, 대위 빈센트, 리들, 살몬드, 슈나이더만, 로빈슨, 러커트, 벌링거 역시 그들 자신의 견해를 고수하고 있다. 이처럼 내부에 분열이 생긴 군대가 "강력한 군대처럼" 앞으로 진격하여 하나님과 진리의 대적들을 맹렬히 공격할 때, 그 공격에 대한 명령 하달서의 내용은 다음과 같다.

"제군의 주요 목표나 표적은 적의 공격이 결정되지 않는 한 가장 중요한지 그렇지 않은지 모르겠으며, 그것은 좌측이나 우측에 있는 것으로 보인다. 만일 퇴각하거나 후퇴하는 경우에는 일반적으로 407고지나 306고지나 221고지로 대피하기 바란다. 적의 대공포의 공격에는 제군은 오른쪽인지 왼쪽인지 확실치 않으나 골짜기에서 엄호하거나 엄호하지 않거나 하라. 강인지 개울인지 알 수 없는 그것이 앞에 있는지 뒤에 있는지 확실치 않지만, 그것을 건널 때에도 엄호하거나 엄호하지 않거나 하라. 제군 각자는 여기에 나와 있지 않은 모든 작전에 있어 각자의 기호와 취향에 따라 알아서 판단하고 결정하기 바란다."

이 같은 엉터리 작전 계획을 하달받은 군대가 어찌 일사불란하게 움직여서 승리할 수 있겠는가? 오합지졸이 되어 전멸할 수밖에 없을 것이다.

6:21 **이제 너희는 내가 하고 있는 일과 나에 관한 것을 알게 되리니 사랑하는 형제요,** 주 **안에서 신실한 일꾼인 투기고가 모든 것을 너희에게 알게 하리라.**
22 **내가 이를 위하여 그를 너희에게 보내노니 너희가 우리에 관한 일을 알게 되고 아울러 그가 너희의 마음을 위로하리라.**
23 **형제들에게 화평이 있기를 바라며 또** 하나님 아버지**와** 주 예수 그리스도**로부터 믿음을 겸한 사랑이 있기를 바라노라.**
24 **우리** 주 예수 그리스도를 **성심껏 사랑하는 모든 사람들에게 은혜가 있을지어다. 아멘.**

에베소서는 이제 개인적인 안부와 아시아 사람인 투기고(행 20:4, 딤후 4:12)를 추천하는 말로 끝맺고 있다.

『주 **안에서 신실한 일꾼인 투기고가 모든 것을 너희에게 알게 하리라**』(21절). 21절은 별다른 설명이 필요 없으며, 성경을 공부하는 자들은 "모든"(all)이 쓰이는 것에 유의해야 한다. 확실히 투기고는 자기 친한 친구의 주소나 자기 고향의 족장 머리카락 숫자가 얼마인지는 알려 주지 않았다. "모든"이란 단어는 가끔씩 "예외 없는 모두"(롬 3:23처럼)를 말하기보다는 "두루두루 구별 없이 지칭하는 모두"(골 4:7,9, 막 1:5 참조)를 가리킨다.

『하나님 아버지**와** 주 예수 그리스도로**부터 믿음을 겸한 사랑이 있기를 바라노라**. **우리** 주 예수 그리스도를 **성심껏 사랑하는** **모든 사람들에게**』(23,24절). 22절과 23절, 24절 역시 별다른 설명이 필요 없다. 참된 사랑은 믿음을 따라 나오는 것이기에(23절), 말로만 주 예수 그리스도를 사랑한다고 하는 자들과 『주 예수 그리스도를 **성심껏 사랑하는**』(24절) 사람들과는 뚜렷한 차이가 있다. 사람이 참으로 하나님을 사랑하게 되면 그는 하나님께 알려진 사람이다(고전 8:3). 왜냐하면 진정한 사랑은 강렬한 향수보다 더 감추기 어렵기 때문이다(요 12:3).

『**성심껏**[in sincerity]』이란 단어는 성경대로 믿는 사람들에게 성경적인 기독교와 종교로서의 기독교의 차이점을 분명하게 보여 준다. 이러한 이유로 인해 시중에서 판매되는 대부분의 번역본들은 그 단어를 보자마자 없애 버렸던 것이다. 1881년 이후에 나온 대부분 역본들의 번역자들은 성심껏 번역하지 않았는데, 이는 그들의 동기가 부정적이고, 비판적이며, 파괴적이기 때문이며, 시기와 증오가 가득한 마음에서 나온 것들이기 때문이다. 이 단어가 빠진 성서들은 ASV, NASV, RSV, NRSV, <현대인을 위한 기쁜 소식>(1966), NEB(1961), <필립스 역본>(1958), <확대역본>, 제미에슨, 포셋, 브라운의 주석서(p.1299), <강단의 주석>(p.261), 벌링거의 <컴패니언 성경>(p.1771) 등이다. 왜 이들은 영감으로 기록된 하나님의 말씀에서 『**성심껏**』이란 단어를 삭제했는가?

그 이유는 단순하다. 그들 모두가 로마카톨릭의 공식적인 성경인 <예수회 성경>(1582)을 따랐기 때문이다.

만일 이 사실이 믿기지 않는다면 <림즈 듀웨이 성서>(1582)를 사다가 밥 존스 대학이나 무디 성경 신학원의 배교한 보수주의 교수진들이 추천하는 ASV나 NASV와 직접 비교해 보라.

"믿음을 위해 싸운다는" 이 배교한 학자들은 로마카톨릭의 성서들에 거룩한 성경과 동일한 권위를 부여함으로 그리스도의 몸을 다시 암흑시대로 이끌고 있다. 로마카톨릭은 결코 하나님의 말씀이나 신앙의 근본사항들을 부인한 적이 없다. 대신 그 음녀는 다른 권위를 높이 올려 하나님의 권위와 동일하도록 만들었던 것이다. 이 동일한 수법을 밥 존스, 테네시 템플, 달라스, 풀러, 포트워스, 휘튼 대학의 교수진들이 써먹고 있다. 그들은 카톨릭 성서인 ASV를 높이 올려 <킹제임스성경>의 권위와 동일시한 뒤 믿음을 위해 투쟁한다고 말한다. 그러나 사실 그들은 로마카톨릭을 위해 투쟁하는 것이다.

ASV는 너무나 현저하게 성경을 변개시켜 놓았기 때문에 자세히 주의해서 본다면 그들이 성경을 매 구절마다 평균 두 군데를 변개시켰다는 것을 알 수 있다. 그들은 이 같은 종교놀이에 너무나 열심이다. 마치 핑크가 극단적 칼빈주의를 고수하고, 벌링거가 극단적 세대주의를 고수하는 것처럼 그들은 카톨릭 성서를 고수하고 있다.

이 눈멀고 미혹된 광신자들을 그들의 종교적인 열심으로부터 되돌리는 것은 무척 힘이 든다. 종교적인 열심은 무조건 자신의 생각을 고수하는 것이기 때문에 그들에게 분명한 빛과 사실들을 제시하여도 거의 소용이 없다. 그들은 성경을 희생시키고 배교한 성서들을 추천함으로 자신들의 위신과 종교적 망상들을 확고히 하고자 한다. 그렇게 함으로 그들은 성령님과 "종교개혁 성경" 대신 자신의 헬라어 실력과 기독교 교육을 강조할 수 있기 때문이다.

이것은 분명히 사탄이 강력히 원하는 것들이다.

올바른 식견을 가지고 편견 없이 교회사와 필사본 증거들을 살펴본 사람이라면 이러한 학자들의 행동들이 순전히 자신들의 돈과 명예를 위한 것들임을 분명히 확인할 수 있다. 어떤 성경대로 믿는 그리스도인도 그들과 합류하기 위해 하나님의 말씀을 버리지 않는다. 그들이 아무리 믿음을 위한 투쟁이라고 그럴듯하게 말하더라도 그들은 사실 인간의 학식과 인간의 지혜를 위해 투쟁하는 것뿐이다.

전에도 말했지만 마지막 시대인 20세기의 배교는 단순히 자유주의자들과 신정통주의자들의 배교에 한정된 것이 아니라, 거듭나고 전천년주의를 주장하며 구령하는 그리스도인들 내부에서 발생하는 심각한 배교이다.

『**우리** 주 예수 그리스도를 **성심껏 사랑하는 모든 사람들에게 은혜가 있을지어다. 아멘**』(24절). 여기서 바울의 위대한 편지는 끝이 난다. 본 서신서는 그리스도 안에서 그리스도인의 영적인 위치와 지리적인 (하늘의) 위치를 함께 보여 준다. 본 서신서는 그리스도인을 예수 그리스도를 대적하는 정사와 권세(골 2:15)와 대항하여 전쟁을 벌이기 위해 외계로부터 보내진 전사로 묘사하고 있다. 연합(하나 됨)은 군대가 작전을 효과적으로 수행하기 위한 필수적인 부분이며, 그래서 본 서신서는 상당 부분을 군대를 하나로 결집시키는 데 할애했다(엡 1-4장). 그리고 전사의 위치와 전쟁 상황은 물론(엡 6장), 그의 도덕적인 생활도 다루고 있다(엡 3-5장).

피터 럭크만의 주석서

에베소서

1997년 5월 10일 초판1쇄
2016년 3월 28일 개정판1쇄

지은이 피터 S. 럭크만
옮긴이 편 집 부
펴낸이 이 송 오
펴낸곳 말씀보존학회

서울시 강서 우체국 사서함 제90호
전화 (02) 2665-3743 / 팩스 (02) 2665-3302
인터넷 / www.biblemaster.co.kr
출판등록 1988. 12. 12. 제16-223호

값 9,000 원